REGISTROS AKÁSHICOS

UN AMOR VERDADERO

Guía práctica para acceder a tus propios
Registros Akáshicos

Gabrielle orr

Traducción: Mariana Ojanguren

Para permisos, seriación, condensación, adaptación, o para nuestro catálogo de otras publicaciones, favor de escribir a Ozark Mountain Publishing, Inc., P.O. Box 754, Huntsville, AR 72740, ATTN: Departamento de permisos.

Datos de catálogo en publicación de la Biblioteca del Congreso

Orr, Gabrielle - 1968 -
Akashic Records: One True Love by Gabrielle Orr
Guía para acceder a tus propios Registros Akáshicos.

1. Metafísica 2. Meditación 3. Registros Akáshicos
I. Gabrielle Orr, 1968- II. Metafísica III. Registros akáshicos IV. Título

Número de tarjeta de catálogo de la Biblioteca del Congreso: 2022931705
ISBN: 978-1-956945-07-2

Traducción: Mariana Ojanguren
Diseño de portada: www.vril8.com & Travis Garrison
Libro configurado en: Times New Roman
Diseño de libro:
Publicado por:

PO Box 754, Huntsville, AR 72740
800-935-0045 or 479-738-2348; fax 479-738-2448
WWW.OZARKMT.COM
Impreso en los Estados Unidos de América

Para mis padres, Josef y Mathilde.

Gracias por haberle permitido a mi alma
formar parte de este reino una vez más.

¡Para aquellos que saben!

Hay aquellos que no saben, y ellos no saben que no saben.
Son inocentes como niños y ¡está en nosotros el educarlos y alentarlos!

También están aquellos que no saben y que saben que no saben.
Ellos están dispuestos; ¡enséñales!

También están aquellos que no saben y creen que sí saben.
Ellos son peligrosos; ¡evítalos!

También están aquellos que saben, pero no saben que saben.
Ellos están dormidos; ¡despiértalos!

También están aquellos que saben y que sí saben que saben.
No los sigas, porque si ellos saben que saben, no te harán seguirlos. Pero escucha atentamente a lo que tienen por decir, ¡porque puede que digan algo que te recuerde lo que tú ya sabes!

—Anónimo

Contenido

PREFACIO

El autoempoderamiento está directamente relacionado a tu
habilidad para conocerte a ti mismo.
—Gabrielle Orr

Aprender a acceder a mis Registros Akáshicos ha cambiado mi vida
en su nivel más profundo. Ha abierto mi corazón y me ha permitido
comprender que ya estoy «en casa» y que ya no tengo que
preocuparme más por mi camino, porque en este momento ya estoy
en mi destino. Ahora.

Antes de saber cómo conectarme a esta fuente de amor incondicional,
pasaba la mayor parte del tiempo en un estado de pánico interno,
miedo y supervivencia. Sentía constantemente como si tuviera que
luchar en contra de lo que la vida me presentara. Claro que meditaba,
y estudié numerosas técnicas de sanación. Conecté con sanadores
increíbles de todo el mundo y experimenté rituales de sanación y
técnicas en variadas y diferentes culturas, indígenas, orientales y
occidentales. Nada de esto jamás tocó mi corazón o abrió la esencia
de mi ser como lo hacen los Registros Akáshicos.

Desde el más profundo respeto y gratitud hacia esta fuente de
conocimiento y amor incondicional, me siento llamada para compartir
este increíble regalo contigo. Es el deseo de mi corazón que tú sientas
el mismo amor y cariño que yo siento cuando me encuentro dentro de

i

mis Registros Akáshicos. Quiero que recibas las respuestas que estás buscando, la sanación que estás buscando y la felicidad estimulante y amor interminable que te impulsarán fuera del modo de supervivencia hacia un estado de prosperidad y cocreación. Estás aquí por una razón, y nunca estás solo. Acceder a los Registros Akáshicos te ayudará a descubrir ese propósito y a recordar tu conexión con lo divino.

En otras palabras, ¿cómo podrías separarte de tu fuente, si la esencia de esa fuente es quien tú eres en realidad?

Gabrielle Orr
Miami Beach, Florida, abril 2013

INTRODUCCIÓN

Son los pensamientos y sentimientos los que dirigen el universo, no las acciones.
—Anónimo

La intención de este libro es encender y mantener el amor que hay dentro de ti.

Es mi deseo que encuentres a tu verdadero yo en el proceso de trabajar con la energía divina de los Registros Akáshicos.

Desarrollar una conexión con los Registros Akáshicos requiere de ambas partes, corazón y espíritu. Yo utilizaré un medio común, el lenguaje, para explicar el proceso y las pautas para conectarse con esta fuente.

Este es un cuaderno de trabajo, un manual que te enseñará todo lo que necesitas saber para acceder satisfactoriamente a tus Registros Akáshicos.

Por favor sigue atentamente las pautas e instrucciones, y con la secuencia dada, para que recibas el máximo beneficio de esta clase.

TU INTENCIÓN IMPORTA

Porque aquél que no espera nada, no se decepcionará; pero aquél
que espera mucho, si vive y utiliza eso en su día a día, estará
LLENO hasta rebosar.
-Lectura de Edgar Cayce 557-3

Aprendí a acceder a los Registros Akáshicos en el momento perfecto de mi vida. Estuve buscando incesantemente alivio y sanación, y me embarqué en el camino espiritual sin saber en realidad quién era yo. Estaba buscando en el exterior algo que llenara mi interior con paz y armonía. Eventualmente, lo encontré en el cuidado y guía que recibí de mis Maestros y Profesores en Registros Akáshicos. Encontré algo en el «reino material» que me permitió conectarme con mi ser interior para así poder vivir la vida pacífica que anhelaba tan desesperadamente. El fundamento de este descubrimiento fue mi intención por prosperar.

Por favor pregúntate a ti mismo cuál fue tu verdadera intención al elegir este libro y por qué quieres acceder a tus propios Registros Akáshicos.

¿Cuál es la llamada vibracional detrás de tu acción física?

No hay respuesta correcta o incorrecta. Sólo quiero que te comprometas en este proceso de aprendizaje; y la parte más importante eres tú, junto con tu deseo de prosperar y vivir una vida consciente, llena de propósito.

ACERCA DE TI Y ESTE LIBRO

Sé realista.
Planea un milagro.
—Osho

Las páginas de este libro no están llenas con mucha información sobre mí, mi viaje, el significado de la religión, ni mucha otra información que en realidad no contribuye a la verdadera cuestión sobre cómo acceder a tus propios Registros Akáshicos. En ese sentido, es exactamente como yo soy, directa y al punto.

Estoy siguiendo estrictamente las demandas y guía de mis Registros Akáshicos para «sacar» de ahí la información y para enseñarle a otros cómo lograr una conexión con el reino del amor incondicional. He hecho esto por los últimos diecisiete años, tanto en persona, usando un salón de clases, como mediante el internet. Ahora es tiempo de poner ese conocimiento sobre papel y entregártelo a ti.

Es tu derecho de nacimiento el acceder a esta fuente. Todos son capaces de realizar esta conexión. La calidad de tu conexión depende de ti, tus intenciones y el esfuerzo que estás dispuesto a poner en ello. Justo como le tomaría una dedicación seria a cualquier novato para convertirse en un golfista profesional, tú sólo te convertirás en un verdadero campeón ingresando a tus Registros Akáshicos si estás dispuesto a concentrarte en tu juego, si estás comprometido con tu práctica y si tienes intenciones claras de por qué estás esforzándote por conseguir este objetivo.

La información facilitada en este libro te conducirá hacia tus propios Registros Akáshicos. Recibirás todo lo que necesitas saber para realizar la conexión y para navegar a través del reino de los Registros Akáshicos con tus preguntas. Aunque yo esté enseñándote cómo acceder a tus Registros Akáshicos utilizando el lenguaje, tú también recibirás enseñanza de los Registros Akáshicos en una forma vibracional bastante elevada. Será esta energía vibracional la que te permitirá realizar la conexión. Elevará tu energía hacia el nivel adecuado para que puedas sentir el amor viniendo de ellos y fluyendo hacia ti. Esto te hará consciente de la totalidad del magnífico ser espiritual en forma humana que tú eres.

En otras palabras, estas páginas están impregnadas de amor, y yo quiero, necesito, que sientas este amor.

CÓMO USAR ESTE LIBRO

Roma no se construyó en un día.
—Viejo refrán

A medida que leas este libro, notarás que es necesaria tu participación. Así que ten a la mano papel y bolígrafo, por favor.

Si eres del tipo de persona que piensa que puede dominar el material simplemente leyendo el libro, te decepcionarás. Es importante que participes de lleno en este proceso porque todo esto es, y, sobre todo, únicamente es, sobre ti y tu conexión con tus Registros Akáshicos.

Te recomiendo anotar tus respuestas a las preguntas, porque no serás capaz de recordar por completo lo que recibas de tus Maestros y Profesores. También quiero que percibas que las respuestas que estás recibiendo realmente provienen de tus Registros Akáshicos.

Regla número uno: contesta a todos los ejercicios por escrito.

Regla número dos: no te adelantes en el libro. Sigue el proceso página por página y confía en que ha sido diseñado con intenciones divinas. Sin atajos, por favor. Confía en el proceso. Realmente mereces recibir este regalo y yo estoy comprometida en presentártelo.

Regla número tres: disfruta del viaje y, para la mayoría de ustedes, aliviánense un poco. La vida es buena y está por mejorar ampliamente.

DESCARGO DE RESPONSABILIDAD

Tú eres mucho más poderoso de lo que piensas, así que usa tu poder sabiamente.
—Gabrielle Orr

Los Maestros y Profesores de los Registros Akáshicos están aquí para ayudarte a trabajar a través de patrones y bloqueos que te impiden experimentar todo tu potencial para tu crecimiento, felicidad, armonía y dirección.

La vibración divina recibida durante esta guía te permitirá realizar ajustes bajo tu libre albedrío por sanación, cambio y elección. Sentirás un impacto profundo en tu vida, así como a nivel del alma.

Sin embargo, no importa qué información ni consejo recibas de los Registros Akáshicos, tú eres la máxima autoridad en tu vida y completamente responsable de todas y cada una de las acciones que realizas.

Por ningún motivo Akashic Records INC / Gabrielle Orr incurrirán en ninguna responsabilidad por daños, incluyendo, pero no limitado a, daños directos, indirectos, especiales o consecuentes, como resultado de, o de cualquier manera relacionado con el uso de la siguiente información y ejercicios.

Parte I

PREPARÁNDOSE PARA ESTA CLASE

Mi objetivo es ver a Dios en ti.
—Gabrielle Orr

Meditación

Comencemos con una meditación que te ayudará a relajarte y estar en paz. Una vez que hayas finalizado esta meditación, sigue adelante con el ejercicio. Puedes grabar estas instrucciones con tu propia voz o pedirle a alguien de confianza que las lea mientras tú meditas. Ve despacio. Ponte cómodo y siéntate en una silla con tu columna vertebral lo más recta posible y tus pies apoyados sobre el piso. Deja que tus manos descansen sobre tu regazo y toma algunas respiraciones profundas.

Toma consciencia de lo que te rodea y permite que tu mente permanezca totalmente quieta. Con cada respiración te tranquilizas más y te relajas más profundamente.

A medida que permites que tu respiración fluya fácilmente a través de ti, te vuelves consciente del campo energético que hay en tu interior. Siente cómo esta energía está sencillamente presente dentro de ti, sin pedirte que hagas ni pienses nada. Vuélvete más y más consciente de

3

esta energía dentro de ti y permite que el amor que reside en este campo energético penetre en cada célula de tu ser.

Una vez que sientas que tu cuerpo vibra en esta frecuencia de amor, expande tu consciencia hacia el espacio a tu alrededor. Siente cómo el espacio que te rodea también forma parte de este campo energético. Nota que estás envuelto en un campo de amor incondicional. Este amor llena todo el espacio de la habitación y del universo entero. Todo lo que conoces como existente está infiltrado por este amor.

A medida que te vuelves consciente una vez más del amor dentro de ti y a tu alrededor, notas que tu vibración energética se está transformando. Tus pensamientos, tus emociones y toda tu vibración energética se está ajustando a este amor incondicional. Comienzas a verte a ti mismo como el ser hermoso y amoroso que eres en realidad. Comienzas a ver cuán valioso eres. Te percatas de que has venido aquí con un propósito y no por error. Tu existencia es muy significativa para este universo. Eres mucho más poderoso e importante de lo que crees. Así que usa ese poder sabiamente. Tú eres importante. Es por eso que estás aquí.

Permites fácilmente que esta vibración de amor y poder divino se integre a cada célula de tu ser. Mantén esta energía en tu corazón a medida que inhalas y exhalas lentamente. Siente esta energía fluyendo por tu ser como si el sol te calentara gratamente en un hermoso día de verano. Todo brilla con una luz blanca dorada. Tú brillas con una luz blanca dorada.

Sabes que ahora estás listo para comunicarte con tus Maestros y Profesores. Es tu derecho por nacimiento el conectarte con ellos en cualquier momento. Eres amado más allá de tus sueños más preciados. Todo lo que tienes que hacer es SER. Y así es, amén.

Con tu siguiente exhalación, puedes sentir el amor incondicional fluyendo.

Te sientes listo para este viaje. Eres libre y estás totalmente relajado. Eres libre y estás en paz. Todo está bien.

4

Ahora, lentamente regresa a tu consciencia, estira tu cuerpo y abre tus ojos. Después de traer tu energía de vuelta a tu cuerpo y de volverte totalmente consciente de lo que te rodea, continúa con la siguiente sección en este libro.

Ejercicio

Escribe tus respuestas a las siguientes preguntas. No hay respuestas correctas o incorrectas. Solamente escribe lo que sea que llegue a tu mente. Trabajaremos con esas respuestas hasta el final de este libro. Sin embargo, es importante que contestes a estas preguntas antes de continuar con la lección para probar que estás accediendo a tus Registros Akáshicos. Debes seguir estas indicaciones detalladamente para lograr que eso suceda.

1) ¿Qué es lo más importante que necesito saber en este momento de mi vida?

2) Describe cómo se siente el amor incondicional para ti.

¿QUÉ SIGNIFICA AKASHA?

Puedes buscar por todo el universo a alguien que merezca más tu amor y afecto que tú mismo, y no encontrarás a esa persona por ningún lado. Tú, tanto como cualquiera en todo el universo, te mereces tu propio amor y afecto.
—Buddha

¿Cuál es el significado de Akasha?

Antes que nada, permíteme aclarar que los Registros Akáshicos no forman parte de una religión en específico. Los RA se mencionan en las escrituras de muchas religiones, tales como el hinduismo, budismo, cristianismo, judaísmo, teosofía y el pragmatismo moderno. Esto prueba que los RA son un medio espiritual que traspasa las fronteras religiosas.

Akasha es una palabra sánscrita, cuyo significado es éter, que incluye todos los sentidos elementales (materiales) y metafísicos (no materiales).1

¿Qué significa eso para nosotros?

La energía y esencia de todo, está incluida en el campo de los Registros Akáshicos. Las cosas materiales son cosas con forma, como los seres humanos, libros, árboles e incluso el dinero. Las cosas no materiales incluyen nuestros pensamientos, emociones, energías, vibraciones y creaciones, así como la energía de todas las cosas materiales. En otras palabras, todo está contenido en el campo de los Registros Akáshicos. Nada se pierde o pasa por alto. Este campo de los Registros Akáshicos es la base y esencia de todas las cosas.

Aprenderás a hablar un nuevo idioma

Ervin Laszlo dice: «Tal y como los átomos, Akasha es indivisible, eterna e imperceptible; pero, a diferencia de ellos, es infinita y omnipresente. Akasha se deriva de la calidad percibida del sonido».2

¿Qué significa esto para ti al tomar esta clase?

El sonido es una vibración y tú te comunicarás con tus RA a través de vibraciones. Por ejemplo, imagina que estás sentado con diez personas en una habitación. Cada uno de ustedes habla un idioma diferente, además del español. Todos pueden escuchar a un perro ladrando fuera de la habitación. No pueden ver al perro, pero lo pueden escuchar ladrando porque las cuerdas vocales del perro están emitiendo vibraciones. Tú recoges esas vibraciones con las membranas en tus oídos. Tus oídos pasan esas vibraciones hacia tu cerebro. Tu cerebro comprende lo que esas vibraciones significan, de acuerdo a su programación o experiencias pasadas. Entonces, traduce el sonido para ti en un lenguaje que sí comprenderás. Todas las diez personas en la habitación recogen las mismas vibraciones, pero cada persona las traducirá en diferentes palabras, dependiendo del idioma que él o ella hablen.

Durante esta clase aprenderás un nuevo idioma. Aprenderás cómo recoger una vibración, en este caso no será con tus oídos, sino con tu octavo chakra3, y traducirás esta vibración en algo que puedas comprender y con lo que puedas trabajar.

AKASHA ES LA ESENCIA, EL ESPÍRITU DE TODO LO QUE ES LA VIDA

El universo es más grande que nuestra percepción sobre él.
—Henry David Thoreau

Los paganos modernos4 creen que Akasha, o el espíritu, es el quinto elemento, una fuerza espiritual de la cual descienden los otros cuatro elementos, tierra, fuego, aire y agua. Algunos practicantes incluso creen que la combinación de esos cuatro elementos forma lo que es la Akasha, y que Akasha está presente en cada criatura viva en esta existencia; sin Akasha, no hay espíritu ni alma.

¿Qué significa esto para ti al tomar esta clase?

Podemos imaginar a los Registros Akáshicos como un gran contenedor que alberga todo. Es la matriz5 que provee el fundamento o la estructura que permite que exista todo lo demás. Ervin Laszlo, autor de La ciencia y el campo Akásico, concluye que el «vacío cuántico» es la energía fundamental y campo portador de información, que comunica no sólo al universo actual, sino a todos los universos pasados y presentes. Laszlo describe cómo puede semejante campo informativo explicar por qué nuestro universo está tan sorprendentemente bien afinado, tanto como para formar galaxias y formas de vida conscientes, y por qué la evolución es un proceso bien fundado, no aleatorio: «Esos paquetes de ondas, también conocidos como el campo-A, no sólo guardan información que sucede en el momento presente, sino que contienen toda la información, cada pensamiento, cada acción, cada desarrollo que ha sucedido alguna vez desde la existencia de este universo. Los Registros Akáshicos son los registros perdurables de todo lo que sucede y lo que ha sucedido alguna vez, en el tiempo y espacio».

¡Un campo de información entre los espacios de las partículas!

Los Registros Akáshicos son la matriz5, o red, que mantiene todo junto y crea unidad en donde está presente una apariencia de separación. Piensa en ello como una telaraña que conecta todo entre sí. Este campo lo alcanza todo. Es flexible. Dependiendo del objeto en particular, puede ser denso o liviano y blando. Se mueve, ajusta y reacciona a información específica y vibraciones que recibe de su ambiente.

La energía akáshica existe en todos nosotros, en todo lo que está vivo. Debido a nuestra interconexión con todo en la vida, somos capaces de acceder al reino de los RA y recuperar información sobre cualquier tema.

Estamos accediendo a la esencia de la vida.

AKASHA Y VIDAS PASADAS

Tu alma existió desde antes de que tú nacieras y continuará
existiendo una vez que esta vida llegue a su final.
—Gabrielle Orr

Akasha es también importante para el principio del karma y actúa como un medio de almacenamiento de vidas pasadas.

La antroposofía6 habla de la reencarnación del espíritu humano. Señala que los seres humanos pasan por etapas de existencia: encarnación en un cuerpo terrestre, vida sobre la Tierra, dejar atrás al cuerpo y entrar en los mundos espirituales antes de regresar para nacer otra vez en una nueva vida sobre la Tierra. Después de la muerte del cuerpo físico, el espíritu humano revisa su vida anterior, percibiendo sus eventos como fueron experimentados por los objetos de sus acciones.

Una transformación compleja se lleva a cabo entre la revisión de la vida pasada y la preparación para la siguiente vida. La condición kármica del individuo eventualmente lo conduce hacia una elección de padres, cuerpo físico, disposición y capacidades, que le proveerán retos y oportunidades que el alma necesita para su desarrollo futuro, lo cual incluye tareas kármicamente elegidas para la vida futura.

¿Qué significa esto para ti al tomar esta clase?

Significa que estamos trabajando con la creencia de que la reencarnación y las vidas pasadas existen y pueden contener datos valiosos para nuestro propósito de vida y para nosotros.

En una nota más personal, debo admitir que yo no creía completamente en el concepto de vidas pasadas, hasta que estuve trabajando con los Registros Akáshicos por más de un año. Las ideas del karma y vidas pasadas no me atraían ni resonaban con mi educación católica. Esto cambió drásticamente cuando mis Registros Akáshicos se dirigieron hacia mis hábitos de alimentación a la hora de la cena. Hice una pregunta sobre mi falta de apetito por las tardes, y los Registros Akáshicos me dijeron que se relaciona con una de mis vidas anteriores. Durante esa vida, se mandaba a dormir temprano a los niños porque mis padres «anteriores» no tenían comida para ofrecernos. Mandarnos temprano a dormir, les evitaba a nuestros padres la pena por ser incapaces de alimentarnos. Cuando recibí esta respuesta sentí escalofríos porque, en lo profundo de mi corazón, supe que era verdad. Esto explicó mi falta de apetito por las noches y por qué me gusta acostarme temprano.

Desde entonces, he tenido muchos más momentos eureka y ya no tengo inconveniente para hablar sobre vidas pasadas. Descubrir los orígenes ocultos de nuestros hábitos, patrones y creencias, puede producir una gran sanación.

ATRIBUTOS DEL CORAZÓN

Un diamante en bruto sigue siendo un diamante... tal y como la naturaleza lo creó; bajo presión.
—*Edgar Grullon*

Un chakra corazón balanceado y abierto es el fundamento de una vida alegre, feliz y sana. Un corazón abierto y amoroso nos permite dar y recibir amor incondicional, sentir compasión, expresar gratitud y apreciación, y ser indulgentes. Nuestros corazones y chakras corazón están localizados en el centro de nuestro ser y controlan el flujo de nuestra energía entre el cuerpo y el espíritu. También determinan nuestra salud, fuerza y balance en nuestros niveles físico, emocional y espiritual.

¿Qué significa esto para ti al tomar esta clase?

A lo largo de los años, mientras enseñaba esta clase, he notado dos cosas. La primera es que el aquél alumno que ya vive una vida centrada en el corazón, se conectará con los Registros Akáshicos de forma serena y sin esfuerzo. La segunda es que aquél estudiante que vive una vida más basada en lo mental, tendrá una gran «apretura de corazón» durante estas primeras experiencias.

Yo fui parte del segundo grupo. Las primeras veces que abrí mis Registros Akáshicos, tuve experiencias que abrieron mi corazón: Me percaté de inmediato de que todas las cosas que habían sido

12

preocupantes para mí, no eran importantes para mi existencia, propósito ni bienestar general. Lo único que realmente importaba en la vida era el amor.

Ahora, debido a un despertar global, más y más estudiantes son parte del primer grupo que ya vive una vida más centrada en el corazón. Sin embargo, si actualmente perteneces al segundo grupo, deberías estar emocionado, porque experimentarás un cambio de vida que no podrá ser explicado con palabras.

LA ORACIÓN DEL SENDERO

Una oración es tu invitación hacia el universo para que se comunique contigo.
—Gabrielle Orr

Conectarse con tus Registros Akáshicos es algo intencional. Debes ser capaz de elevar tu energía al nivel de tu octavo chakra y mantener tu vibración en este nivel mientras dure la comunicación.

¿Qué significa esto para ti al tomar esta clase?

Esto suena, de hecho, más difícil de lo que es en realidad. Tú tomas decisiones conscientes muchas veces a lo largo de tu día. Levantar tu teléfono para hablar con un amigo, preparar una comida para alimentar tu cuerpo, mirar televisión para relajarte, son sólo algunos ejemplos de cómo haces cosas intencionalmente.

Durante el proceso de conectarte con tus Registros Akáshicos, puede ser tu intención el recibir guía y respuestas que te asistan en tu viaje a través de la vida. Algunos tienen la intención de encontrar más paz o conectar con el propósito de su alma. No importa en realidad cuáles sean tus intenciones, siempre y cuando sean genuinas y conscientes; esto quiere decir que tú estés al tanto de ellas.

La oración del sendero te ayudará a alinear tu energía a la vibración de tus Registros Akáshicos. La oración también está diseñada para bloquear tu ego, para que puedas realizar la conexión con tus Registros Akáshicos a través de tu octavo chakra. La oración te permitirá acceder a tus propios Registros Akáshicos en cualquier lugar y en cualquier momento, sin ninguna preparación adicional ni ritual místico. Es muy fácil y sencillo de usar.

En un principio, la siguiente historia no tenía significado para mí. A pesar de que incluía la historia de Johnny Prochaska en el plan de estudios de mis clases, en realidad nunca supe cuánta verdad contenía. En 2003, una de mis alumnas mencionó que ella había tomado una clase de Registros Akáshicos a principios de los años setenta en Dallas, Texas, y que el maestro era Johnny Prochaska. Me sentí inmediatamente interesada cuando me dijo que ella era una de sus primeras alumnas y aún conservaba todos los materiales de las primeras clases, los cuales habían sido escritos por el mismo Prochaska.

Este encuentro me ayudó a aceptar la parte mística de esta historia y me permitió abrirme a su enseñanza en totalidad: confiar y tener abiertos mente y corazón.

La historia de la oración comienza en la Ciudad de México con un hombre llamado Johnny Prochaska, un contador residente de Texas. Mientras viajaba por trabajo a la Ciudad de México, tuvo un encuentro inesperado. Un día, mientras se encontraba caminando fuera, vio a una mujer de pie en una entrada. Ella tenía el rostro de una anciana maya que lo había llamado en sueños hacía más de tres años. Cuando él entró a su choza, ella le dijo: «¡Así que al fin viniste!» Ella le contó sobre su gente, los «Ancianos», quienes trajeron a la Tierra, desde la constelación lejana de Pleiades, la «sabiduría del tiempo», a la cual nos referimos hoy en día como los Registros Akáshicos. Cuando el tiempo de la civilización maya sobre la Tierra llegó a su fin, quedaron algunos individuos quienes aún conservaban la llave para entrar en estos preciados registros y para mantener ese conocimiento puro y sagrado.

Llevaron a Prochaska a un templo antiguo, en donde tomó la decisión de dedicar su vida a los Registros Akáshicos. Se le entregó la oración sagrada en una ceremonia en donde fue elegido para enseñar el uso de ella, la cual abriría los registros y despertaría a todos quienes buscaran este conocimiento.

La oración que usamos hoy en día fue traducida desde el maya hacia el español, y después al inglés y alemán. Prochaska regresó a los Estados Unidos en los años sesenta y comenzó a enseñarle a otros cómo acceder a los Registros Akáshicos, tanto para ellos mismos como para alguien más.

LA CIENCIA Y EL CAMPO AKÁSHICO

La ciencia puede probar hoy en día que el campo de los Registros
Akáshicos sí existe.
—Gabrielle Orr

¿Puede la ciencia probar que el campo de los Registros Akáshicos existe?

Albert Einstein intentó encontrar prueba científica para la existencia de un «campo unificado». Él creía en un espacio existente entre las partículas más pequeñas y átomos, y le llamó a este espacio el «continuo espacio-tiempo cuatridimensional». Desafortunadamente, nunca logró terminar su investigación, pero él dijo: «Quiero saber los pensamientos de Dios. El resto son sólo detalles».

Los científicos de ahora saben que el espacio entre las partículas más pequeñas de nuestro universo, no está vacío. Este espacio es una red o campo de información interconectada que entrelaza cada átomo. Existe en todas partes. En un campo de información que conecta todo: el Campo Akáshico. Este campo es la memoria colectiva del universo e interactúa continuamente con la materia en todos los niveles. Todo lo que existe proviene de este campo cuántico, que es la fuente y fundamento de todo lo que habita en nuestra realidad física.

17

Ervin Laszlo dice en su libro La ciencia y el campo Akásico: «Aunque parezca sólida, en última instancia, la materia es energía ligada en paquetes de onda cuantificados, y estos paquetes están además unidos para crear la vasta y armoniosa arquitectura que conforma el mundo.

»Sin embargo, estos paquetes de onda, también llamados el campo-A, no sólo guardan información que sucede en el momento presente, sino que contienen toda la información, cada pensamiento, cada acción, cada progreso que ha sucedido alguna vez desde la existencia de este universo. Los Registros Akáshicos son los registros perdurables de todo lo que sucede y lo que ha sucedido alguna vez, en el tiempo y espacio. ¡Un campo de información entre los espacios de las partículas!»

Gregg Braden habla, en su juego de CDs, Awakening the Power of a Modern God (N. del T.: No disponibles en español), sobre este campo que permea toda la creación:

«Entre los años 1993 y 2000, los científicos documentaron evidencia de un campo energético, que se describe de tres maneras. El campo está en todas partes, todo el tiempo. El campo existe desde el principio de todo, lo que llamamos el Big Bang en las teorías físicas. El campo tiene inteligencia; responde a cualidades muy específicas de las emociones humanas. Este campo se conoce ahora como un conducto. Este campo es lo que lleva hacia el mundo todo lo que llevamos dentro, más allá de nuestros cuerpos».

¿Qué significa esto para ti al tomar esta clase?

Significa que acceder a los Registros Akáshicos no forma parte ni depende de un sistema de creencias. En cambio, es una habilidad que puedes adquirir. No importa si entiendes exactamente cómo funcionan, mientras estés deseoso de aprender la habilidad. Justo como vivimos todos bajo la influencia de la ley de gravedad, aunque no entendamos cómo funciona, todos tenemos la habilidad y derecho por nacimiento para conectar con nuestros propios Registros Akáshicos sin necesidad de comprender los detalles científicos.

INFORMACIÓN FUTURA EN LOS REGISTROS AKÁSHICOS

Nada está escrito en piedra. Tú eres el cocreador de tu propia experiencia.
—Gabrielle Orr

¿Los Registros Akáshicos son útiles para predecir el futuro?

Los Registros Akáshicos son un medio para el desarrollo de la consciencia. Nos asisten para expresar el propósito de nuestra alma, en lugar de morar en nuestras experiencias mundanas diarias. Desde la perspectiva de los Registros Akáshicos, no importa realmente si elegimos obtener un diploma universitario o trabajar como empleados. Lo que verdaderamente importa es en quién nos estamos convirtiendo, en relación con esa elección. Nuestros Registros Akáshicos pueden ayudarnos a tomar las mejores decisiones para todos, con respecto a relaciones, los desafíos del entorno de un trabajo, o cualquier otro tema. Sin embargo, ningún futuro está escrito sobre piedra. Siempre habrá libre albedrío, brindándole un toque de misterio a la vida.

Cuando acudo a mis registros respecto a eventos futuros o metas, me agrada hacer mis preguntas «al revés». Por ejemplo, digamos que quiero ser anfitriona de un evento profesional exitoso, dentro de dos

19

meses. Yo formularía mi pregunta de esta manera: «¿Qué necesito saber ahora para tener un evento exitoso dentro de dos meses?» Otra pregunta que podría hacer sería: «¿Hay algo que yo necesite dejar ir para estar alineada por completo con ser anfitriona de un evento exitoso?»

Formular preguntas de esta manera, saca desde el futuro nuestro poder personal, en donde en realidad no tenemos ningún poder, para llevarlo hacia el presente, en donde existe todo nuestro poder. También acepta la responsabilidad por nuestro poder, para que podamos cocrear el resultado deseado en lugar de esperar que una fuerza externa se haga cargo de todo. Aprender cómo acceder a tus Registros Akáshicos se trata sólo de estar en el ahora y tomar la responsabilidad de tu propio poder, para que así seas capaz de crear y manifestar tu realidad.

Potencialidad futura

Cualquier predicción futura que te den los Registros Akáshicos, está basada en la vibración energética que tienes al realizar la pregunta. Si tu energía cambia, el futuro potencial cambiará acorde a eso. El cambio, en este caso, puede referirse a ganar conocimiento sin importar el tema, ser capaz de dejar ir el resentimiento, experimentar sanación o, en ocasiones, simplemente ser capaz de rendirse y encontrar de nuevo la fe. La intención de nuestro trabajo en los Registros Akáshicos es crear un cambio de sanación en tu ser. Así, nuestro futuro siempre será una mejora comparado con nuestro pasado.

Permíteme explicártelo de manera diferente. Imagina este universo como un gran espejo que refleja todo para ti, exactamente de la misma manera en que tú lo diste. Si tu energía está enojada y carga resentimientos, se presentará con más experiencias que ocasionen para ti enojo y resentimiento. Una vez que tengas un cambio sanador en tu energía, el espejo de nuestro universo reflejará la nueva imagen, creando un futuro mejor y más alegre para ti.

Usualmente me contactan clientes para confirmarme que la casa que acaban de comprar se ve exactamente igual a la casa que se les describió durante la consulta a sus Registros Akáshicos, o que la persona con la que se acaban de casar es exactamente como la que se predijo durante su lectura. Otros obtienen el bono de fin de año, tal y como lo prometieron sus Maestros y Profesores. Yo creo que todos estos clientes experimentaron un cambio sanador durante sus lecturas de Registros Akáshicos. Con ese cambio ellos dejaron ir sus miedos y patrones negativos, lo que creó espacio para que se manifestara su «futuro potencial» en sus vidas.

¿QUIÉN ESTÁ PRESENTE EN LOS REGISTROS AKÁHICOS?

Deja de intentar ser perfecto. Ya lo eres.
—Edgar Grullon

Cuando tenemos acceso a nuestros Registros Akáshicos, direccionamos nuestras intenciones hacia nuestros Maestros, Profesores y Seres Queridos.

Los «Maestros y Profesores» son seres con un nivel de vibración energética muy alto y puro. No están limitados por una religión específica ni por nuestro sistema planetario. Ellos encarnan una vibración muy elevada y limpia. Algunos de ellos han encarnado antes en una forma humana, como Jesús, Virgen María, Sai Baba y Buddha. Otros, como los ángeles y arcángeles, se unen desde una esfera diferente. En general, los Maestros y Profesores se comunican con nosotros como una energía unificada, en lugar de aparecer únicamente como Jesús o un ángel.

Nunca he recibido un mensaje de un único maestro en específico, porque estoy completamente abierta y confío en cualquier fuente divina; no estoy apegada a la forma terrestre de nuestros Maestros, en cambio, aprecio su energía divina. Por ejemplo, la Virgen María, Jesús y Sai Baba, estuvieron presentes durante una lectura para comunicarse con un cliente. No era que estos Maestros en sí tuvieran un mensaje especial para el cliente, que pudiera entregarse únicamente por estos Maestros en particular, sino que estos Maestros tenían un significado muy especial para el cliente. El cliente se sintió conectado con la energía de estos Maestros específicos y experimentó confianza y un sentimiento de apertura de corazón cuando ocurrió esta conexión.

Los «Seres Queridos» se refieren a nuestros ancestros. Los Registros Akáshicos nos proveen la oportunidad de comunicarnos con nuestros Seres Queridos, una vez que ellos se hayan transformado y hayan evolucionado a un nivel vibracional diferente. Ellos aman hablar con nosotros, aclarar los malentendidos que cargamos con nosotros y asistirnos en nuestras luchas con la vida porque ellos han dejado atrás la percepción limitada que confina a los seres humanos.

Trabajaremos en cambiar nuestra energía revelando y eliminando las raíces de un tema o un reto, para que podamos lograr sanación en todos los niveles y crear una vida armoniosa para nosotros y otras personas. Nuestros Seres Queridos pueden ser de mucha ayuda al asistirnos para olvidar viejos rencores y soltar resentimientos y heridas, para que podamos vivir nuestras vidas más pacífica y armoniosamente, unos con otros.

Los Señores de los Registros Akáshicos

Los Señores de los Registros Akáshicos son los Guardianes de los registros. Son los «guardias de seguridad», quienes deciden si alguien tiene permitido entrar a los Registros Akáshicos y qué tipo de información será revelada. Son los protectores del campo Akáshico y evalúan si cumplimos o no con los requerimientos para acceder y si nuestras intenciones son genuinas.

Nunca había dudado de la importancia de los Señores de los Registros Akáshicos, pero tampoco había valorado en realidad su servicio. Esto cambió cuando conocí a una joven de Sedona, Arizona, quien había estado accediendo exitosamente a sus Registros Akáshicos a su propia manera, por varias décadas. A medida que nos conocimos y platicamos acerca de nuestras experiencias con los Registros Akáshicos, ella mencionó que nunca le importó realmente tener que esperar afuera de las puertas a que los Señores le llevaran la información requerida. Yo quedé estupefacta. Había visto la puerta durante el proceso de abrir mis RA muchas veces, pero nunca tuve que esperar ahí. Ella estaba bastante sorprendida cuando le dije que yo siempre hablaba directamente con los Maestros y Profesores. Nunca se le había ocurrido que esa fuera siquiera una posibilidad. Yo sentí de pronto una oleada de amor y aprecio fluyendo a través de mí y agradecí profundamente a los Señores de los Registros Akáshicos por concederme siempre acceso directo hasta los Maestros y Profesores.

ANCLARTE A LA TIERRA DURANTE TU TRABAJO ESPIRITUAL

Honra tus raíces con la Madre Tierra.
—Gabrielle Orr.

Ancarse a la Tierra se trata sobre estar consciente de lo físico, mientras te conectas a lo espiritual.

Cómo anclarse a la Tierra cuando accedes a tus Recursos Akáshicos

Para estar anclado a la Tierra mientras accedes a tus propios Registros Akáshicos, deberás sentarte derecho en una silla. No te sientes en posición de loto ni sobre el piso. A la mayoría de la gente no le funciona acceder a sus RA sentados en posición de loto.

Mantén ambos pies apoyados sobre el piso.

Mantén ambos ojos abiertos mientras accedes a tus Registros Akáshicos. Cerrar los ojos puede hacer que te pierdas entre la fuerte energía y disminuirá tus intenciones y concentración.

Mira hacia arriba cuando accedas a tus Registros Akáshicos. La energía de los Maestros y Profesores no se encuentra sobre el piso ni bajo la mesa. Concentra tu atención hacia arriba, sobre ti, hacia un punto fijo en la pared o techo.

¿Por qué es tan importante estar anclado a la Tierra?

Una persona anclada a la Tierra tiene balance y estabilidad en su ser físico y emocional. Le permite funcionar exitosamente en el mundo de cinco sentidos. También ayuda a sus habilidades de sanación innatas, en los reinos físico y espiritual. Una persona anclada a la Tierra siente más paz en la vida y tiene un flujo de energía más sano en todos sus chakras. Estar adecuadamente anclados a la Tierra, nos permite alcanzar niveles espirituales más altos, como el de los Registros Akáshicos.

¿Cómo saber cuándo no estas anclado a la Tierra?

Si no estás adecuadamente anclado a la Tierra, puedes sentirte tenso, nervioso, fuera de balance, fácilmente distraído, disperso e irreal. Usualmente tendrás mucha o muy poca energía y te gustará aferrarte a los problemas y emociones.

Técnicas para anclarte a la Tierra

He aquí algunas formas para ayudarte a anclarte:

Comer sano, alimentos naturales
Tomar agua
Caminar, especialmente en la naturaleza
Practicar deportes, yoga, tai chi, etcétera
Jardinería
Caminar descalzo
Cantar

Prácticamente cualquier cosa que balanceé tu primer y segundo chakra, te mantendrá anclado a la Tierra.

Parte II

GUÍA PARA ABRIR TUS PROPIOS REGISTROS AKÁSHICOS

Permítete ser guiado hacia la luz.
—Gabrielle Orr

Las siguientes indicaciones te ayudarán a acceder a tus propios Registros Akáshicos con éxito, proveyéndote los fundamentos necesarios.

• Cierre los ojos lo mínimo posible. Estamos operando con una mente totalmente consciente, así que ten cuidado al elegir un lugar para abrir tus registros.

Mantener los ojos abiertos tanto como sea posible, te ayudará a concentrarte en tus Maestros y Profesores. Fortalecerá tu conexión y te ayudará a mantenerte anclado a la Tierra durante este trabajo. Al principio, elige un lugar tranquilo y pacífico para conectar con tus Registros Akáshicos. Una vez que tengas más experiencia, serás capaz de abrir tus Registros Akáshicos en cualquier lugar en cualquier momento. Es como levantar pesas, comienzas con unas más sencillas y pequeñas y, mientras te vuelves más fuerte, puedes exponer a tu cuerpo de forma segura hacia tareas más difíciles.

• No manejes con tus Registros Akáshicos abiertos.

29

Por favor se consciente y respetuosos con lo que está a tu alrededor y con tu ambiente cuando accedas a tus Registros Akáshicos. No es seguro manejar con tus Registros Akáshicos abiertos porque los registros tienen influencia en tu campo energético y disminuyen tu tiempo de reacción.

• La oración es sagrada.

La oración está dedicada para asistirte en integrar tu divinidad a tu vida. Por favor trátala con respeto y sinceridad, y guárdala en tu corazón con aprecio y gratitud.

• No consumas ninguna droga recreacional ni alcohol veinticuatro horas antes de abrir tus Registros Akáshicos. Los medicamentos prescritos si están permitidos.

Las drogas y el alcohol afectan tu campo energético. El uso de drogas o alcohol harán muy difícil que eleves tu energía hasta el nivel de tu octavo chakra, en donde haces la conexión con tus Registros Akáshicos.

• Usa tu nombre legal completo para abrir tus Registros Akáshicos.

Usa el nombre legal completo que llevas hoy en día. Generalmente es el nombre en tu licencia de conducir. Juntos, tu nombre y la Oración del Sendero, garantizarán tu acceso a tus Registros Akáshicos.

• Lee siempre la oración para abrir tus Registros Akáshicos.

Un propósito de la Oración del Sendero es eliminar el ego. Tu cerebro trabaja diferente cuando lees algo que cuando recuerdas algo de memoria. Leer la oración te ayuda a establecer la conexión desde el reino físico hacia el metafísico. Además, te ayudará a anclarte mientras elevas tu energía para acceder a tus Registros Akáshicos.

• Usa el buen juicio cuando decidas cuánto tiempo mantenerte en los registros. Uno debe construir su tolerancia a esta energía.

Durante los primeros ejercicios, permanece en tus Registros Akáshicos tanto tiempo como te sientas cómodo. En otras palabras, obtendrás mejores resultados y comunicación si terminas tu sesión antes de que te agotes. Con el paso de los años, he notado que los estudiantes tienden a dudar de los mensajes que reciben cuando extienden demasiado sus visitas. Una vez que te acostumbres a la energía, puedes entrar en los registros el tiempo que desees. Así que, por favor, se consciente de tu propia energía.

• Ánclate después de cada ocasión en que estés dentro de los Registros Akáshicos.

Estar anclado es sobre ser consciente de tu ser físico mientras te conectas con tu lado espiritual. Consulta el capítulo anterior por información sobre técnicas de anclaje.

• Responde a toda la información y a todas las experiencias mientras estén abiertos tus registros.

Deja ir cualquier expectativa e idea que tengas sobre el tema que estás planeando preguntar en los Registros Akáshicos. Ten una mente y corazón abiertos y ten disposición por trabajar con lo que sea que recibas como respuesta a tus preguntas.

En muchas ocasiones no tendrás ni idea de a dónde quieren llegar con las respuestas que recibas. Deberás seguir esta guía ciegamente hasta que la totalidad del mensaje sea revelada para ti a medida que evoluciona la lectura.

Permíteme darte un ejemplo de lo que significa realmente una guía a ciegas. Durante una sesión práctica en la cual varios estudiantes le brindaron una lectura a un cliente, él hizo la siguiente pregunta: «¿Cómo puedo ayudar a mi segundo hijo?» Ningún estudiante conocía al cliente ni su historia. El cliente tenía trillizos y los tres tenían discapacidad física y mental severa. Yo me mantuve al margen de la lectura a propósito para observar a mis estudiantes y al cliente. Los estudiantes estaban claramente teniendo dificultad para contestar la pregunta porque estaban intentando entender lo que los Maestros y Profesores les decían. Finalmente, los Registros Akáshicos me pidieron asistir a los estudiantes. A medida que me dirigía hacia los estudiantes, los registros dijeron: «¡Repitan después de nosotros! No intenten entender los que los Maestros ni Profesores les están diciendo ahora. Sólo díganle a su cliente exactamente lo que escuchan en los registros. Si les estamos diciendo que todos los árboles son rojos y tienen hojas moradas con líneas encima, eso es exactamente lo que repetirán para su cliente». Después de escuchar esto, los estudiantes se abrieron inmediatamente al cliente y le dieron los más increíbles mensajes y consejos, referidos hacia sus hijos. Ellos dominaron el regalo de la fe y aprendieron a seguir ciegamente la guía.

También he notado en muchas ocasiones que la gramática y ortografía no son muy importantes para los Maestros y Profesores. Tus mensajes se tratan únicamente de crear un cambio vibracional en ti. Así que no seas duro contigo mismo si tus habilidades de lenguaje son imperfectas.

Parte III

LA ORACIÓN DE LOS REGISTROS AKÁSHICOS

Cómo usar la oración

ORACIÓN LOS REGISTROS AKÁSHICOS
Para acceder a Sus Propios Reqistros

Yo le pido a Dios que coloque Su Escudo de Amor y Verdad alrededor mío permanentemente, para que sólo el Amor y la Verdad de Dios puedan existir entre tú y yo.

Yo permito a los Maestros, Guias y Seres Queridos mois, que canalicen a través mio, desde el reino dónde Ellos se encuentren para decir todo aquello que Ellos deseen decir.

Instrucciones para abrir con la Oración de Registros Akáshicos

Para acceder a tus propios Registros Akáshicos, di la oración completa en voz alta, tal y como está escrita. Después, repítela dos veces más en silencio, usando tu nombre legal completo en donde está subrayado «mí».

35

Ejemplo:

1. Lee exactamente como está escrito:

Yo le pido a Dios que coloque Su Escudo de Amor y Verdad alrededor <u>mío</u> permanentemente, para que sólo el Amor y la Verdad de Dios puedan existir entre tú y yo.

Yo permito a los Maestros, Guias y Seres Queridos <u>mois</u>, que canalicen a través mio, desde el reino dónde Ellos se encuentren para decir todo aquello que Ellos deseen decir.

2. Lee en silencio y cambia la palabra «mí» subrayada, con tu nombre legal.

Yo le pido a Dios que coloque Su Escudo de Amor y Verdad alrededor <u>mío</u> permanentemente, para que sólo el Amor y la Verdad de Dios puedan existir entre tú y yo.

Yo permito a los Maestros, Guias y Seres Queridos <u>mois</u>, que canalicen a través mio, desde el reino dónde Ellos se encuentren para decir todo aquello que Ellos deseen decir.

3. Lee en silencio y cambia la palabra «mí» subrayada, con tu nombre legal.

Yo le pido a Dios que coloque Su Escudo de Amor y Verdad alrededor <u>mío</u> permanentemente, para que sólo el Amor y la Verdad de Dios puedan existir entre tú y yo.

Yo permito a los Maestros, Guias y Seres Queridos <u>mois</u>, que canalicen a través mio, desde el reino dónde Ellos se encuentren para decir todo aquello que Ellos deseen decir.

En otras palabras, usarás tu nombre cuatro veces y ¡nunca deberá pronunciarse en voz alta!

Yo le pido a Dios que coloque Su Escudo de Amor y Verdad alrededor <u>mío</u> permanentemente, para que sólo el Amor y la Verdad de Dios puedan existir entre tú y yo.

Yo permito a los Maestros, Guias y Seres Queridos <u>mois</u>, que canalicen a través mio, desde el reino dónde Ellos se encuentren para decir todo aquello que Ellos deseen decir.

INSTRUCCIONES PARA CERRAR LOS REGISTROS AKÁSHICOS PARA UNO MISMO

Gracias, te amo.
—Gabrielle Orr

Los registros Akáshicos se cierran agradeciéndole a tus Maestros, Profesores y Seres Amados por su información y diciendo en voz alta: «Amén, Amén, Amén», hasta que sientas que ya están cerrados.

Yo estoy utilizando una forma menos tradicional para cerrar mis Registros Akáshicos. Después de recibir el permiso por parte de mis Maestros y Profesores, ahora cierro los registros diciendo: «Te amo, gracias, gracias, gracias», lo cual resuena mucho más conmigo que de la forma tradicional.

Para los siguientes ejercicios, por favor mantén a la mano bolígrafo y papel. Te recomiendo que escribas las respuestas a tus preguntas ya que no serás capaz de recordar todo lo que recibas de tus Maestros y Profesores, y me gustaría que seas capaz de ver que las respuestas que estás recibiendo, provienen realmente de tus Registros Akáshicos. Así que por favor contesta a todos los ejercicios por escrito.

No te adelantes en el libro. Síguelo página por página y confía en que este proceso ha sido diseñado con intenciones divinas. Sin atajos, por favor. Confía en el proceso. Te mereces este regalo y yo estoy comprometida en presentártelo.

Durante los primeros ejercicios, tu energía se alineará desde donde quiera que se encuentre actualmente en tu cuerpo, hacia la vibración de tu octavo chakra. En el octavo chakra, formarás tu conexión con tus Maestros y Profesores en tus Registros Akáshicos. Ya que todos tienen su energía en un nivel único, es imposible compararnos con los demás. Este es realmente un viaje individual para cada ser humano, así que sé gentil, amable y paciente contigo mismo y disfruta del proceso evolutivo.

Por favor, realiza los primeros tres ejercicios en una sola sesión, para que tu energía esté más contenida y concentrada.

Parte IV

Ejercicio 1

Confía en el proceso. De la misma manera en que aprendiste a caminar, aprenderás a comunicarte con tus Maestros y Profesores.
—Gabrielle Orr

Abre tus Registros Akáshicos con la oración

El primer ejercicio es una forma gentil de invocar la energía Akáshica en tu vida.

Paso 1
    Abre tus Registros Akáshicos con la oración.

Paso 2
    Tómate entre cinco y diez minutos para este ejercicio.
    Presta atención a cualquier sensación que puedas experimentar en tu cuerpo.

¿Puedes percibir esa sensación de calor u hormigueo en tu cuerpo?

¿Escuchas voces?

¿Ves imágenes?

¿Cómo te sientes emocionalmente?

Gentilmente, presta atención a lo que sea que estés experimentando. No intentes demasiado ni trates de forzar que algo suceda.

Paso 3
Toma nota de tus experiencias.

Paso 4
Cierra tus Registros Akáshicos.

Ejercicio 2

Escalarás hasta la cima de la montaña viendo el suelo frente a ti.
—*Gabrielle Orr*

Abre tus Registros Akáshicos con la oración

Paso 1
   Abre tus Registros Akáshicos con la oración.

Paso 2
   Realiza las siguientes preguntas:

¿Se encuentran abiertos mis Registros Akáshicos?

Maestros y Profesores, ¿pueden darme por favor una señal de que estoy dentro de mis Registros Akáshicos?

Paso 3
   Toma nota de tus experiencias.

Escribe cualquier cosa que pase por tu cabeza en este momento. Recuerda no juzgar el contenido ni la fuente. Solamente sigue la corriente de lo que estás experimentando y escribe lo que llegue a tu mente.

Presta atención a cualquier sensación que puedas experimentar en tu cuerpo.

¿Sientes más energía en tu cabeza, cuello y área de los hombros? Para mí, se siente como si alguien presionara una almohada de algodón de dulce bajando por mi cabeza. Se siente ligero y pesado al mismo tiempo, pero nunca incómodo.

¿Escuchas una o varias voces?

¿Estás viendo alguna imagen?

¿Cómo te sientes emocionalmente?

Por favor, recuerda escribir todo mientras están abiertos tus Registros Akáshicos.

Paso 4
    Cierra tus Registros Akáshicos.

Ejercicio 3

¿Qué es lo más importante que necesito saber el día de hoy?
—Gabrielle Orr

Abre tus Registros Akáshicos con la oración

Paso 1
Abre tus Registros Akáshicos con la oración.

Paso 2
Realiza las siguientes preguntas:

¿Se encuentran abiertos mis Registros Akáshicos?

Maestros y Profesores, ¿qué es lo más importante que necesito saber en este momento de mi vida?

Paso 3
Toma nota tus experiencias.

Al igual que en el ejercicio anterior, escribe cualquier cosa que esté pasando por tu mente en este momento. Recuerda no juzgar el contenido ni la fuente. Solamente sigue la corriente de lo que está sucediendo y escribe lo que llegue a tu mente.

Inhala y exhala a través de tu chakra corazón.

Presta atención a cualquier sensación que puedas experimentar en tu cuerpo. ¿Sientes más energía en tu cabeza, cuello y área de los hombros? Para mí, se siente como si alguien presionara una almohada de algodón de dulce bajando por mi cabeza. Se siente ligero y pesado al mismo tiempo, pero nunca incómodo.

¿Escuchas una o varias voces?

¿Estás viendo alguna imagen?

¿Cómo te sientes emocionalmente?

Por favor, recuerda escribir todo mientras están abiertos tus Registros Akáshicos.

Paso 4
Cierra tus Registros Akáshicos.

Una vez que hayas cerrado tus Registros Akáshicos, lee nuevamente las respuestas y analiza si puedes sentir la energía. Luego, compara las respuestas que acabas de recibir y que escribiste, con las respuestas que escribiste en el primer ejercicio de este libro. Notarás que es exactamente la misma pregunta. ¿Cómo cambió tu respuesta? ¿Puedes notar alguna diferencia entre la respuesta del primer ejercicio y la última respuesta?

La primer respuesta (de la página 4) es tú respuesta, y la segunda respuesta (la más reciente) es la respuesta que te dieron tus Registros Akáshicos.

¿Cambiaron los pronombres (yo, tú, él, nosotros, etcétera)? Los pronombres que se usan en la respuesta número uno, son normalmente «yo» y «mi». Los pronombres que se usan en la respuesta número dos son «tu» y «nosotros», porque los Registros Akáshicos te están hablando a ti y dándote consejo.

¿Ha cambiado la calidad de la respuesta?

Los estudiantes normalmente escriben preguntas como respuesta a la pregunta número uno (página 4), como: «¿Estoy en mi camino de vida? ¿A dónde me dirijo desde aquí? ¿Cuál es el propósito de mi alma?» En la respuesta número dos, los estudiantes normalmente reciben respuestas a las preguntas escritas en la respuesta número uno. Nota por favor que ambos ejercicios son exactamente los mismos. La única diferencia es que la segunda vez, el estudiante tiene sus Registros Akáshicos abiertos.

¿Ha cambiado el contenido de la respuesta? La respuesta número uno usualmente se basa más en preocupaciones y miedos, mientras que la respuesta número dos proviene desde el amor, guía y aliento. Esta es una gran diferencia.

¿Ha cambiado la formalidad y la calidad del lenguaje? En la respuesta número uno, escribimos las respuestas de la forma en que usualmente hablamos. Que no te sorprenda si en la respuesta número dos el lenguaje es más sofisticado y formal.

¿Ha cambiado la energía de la respuesta? Muchos estudiantes se emocionan cuando reciben la respuesta número dos, pero tratan la respuesta número uno como un ejercicio normal e intentan perfeccionarlo.

Ejercicio 4

Una imagen vale más que mil palabras.
—Dicho popular

Trabajando con imágenes

Este ejercicio está diseñado para permitirte ver imágenes en tus Registros Akáshicos y enseñarte a establecer comunicación con tus Maestros y Profesores. Asegúrate de hacer muchas preguntas hasta que entiendas por completo el significado de la imagen que recibes.

Visualízate a ti mismo sosteniendo un control remoto en tu mano, que te permita alejarte o acercarte a la experiencia, pedir explicación, enfocar la imagen, agregar colores o cambiar la imagen a blanco y negro.

Las imágenes son una parte importante de nuestra comunicación con nuestros Registros Akáshicos. Cuando recibimos imágenes durante nuestra comunicación con los Registros Akáshicos, necesitamos asegurarnos de no interpretar esas imágenes nosotros mismos. En su lugar, debemos preguntar a los Maestros y Profesores el significado de las imágenes que nos muestran.

Por ejemplo, si ves una rosa mientras estás dentro de los RA, no asumas que significa romance, en cambio, pregunta el significado exacto de esta imagen. Los Maestros y Profesores una vez me mostraron una rosa para una clienta y ella quería tomarlo como una señal de que su actual pareja era el amante perfecto para ella. Los Maestros y Profesores continuaron explicando que la rosa tenía espinas muy fuertes para protegerse, lo que significaba que su pareja no estaba preparado para la relación que ella quería experimentar.

Paso 1
   Abre tus Registros Akáshicos con la oración.

Paso 2
   Realiza las siguientes preguntas:

¿Se encuentran abiertos mis Registros Akáshicos?

Maestros y Profesores, ¿qué es lo más importante que necesito saber en este momento de mi vida?

Por favor muéstrenme la respuesta con una imagen y explíquenmela.

Para este ejercicio es posible que quieras cerrar tus ojos por un momento. Muchas personas pueden ver imágenes con más facilidad con sus ojos cerrados, al menos al principio. Permanece con la imagen un momento, hasta que tengas un sentimiento real por ella, y después anota cómo fue tu experiencia.

Paso 3
   Escribe cualquier cosa que veas en la imagen. Observa y anota tus experiencias, repite esto varias veces, y continúa haciendo preguntas sobre la imagen hasta que estés satisfecho. Visualízate observando una pintura y siendo capaz de preguntarle al artista por qué pintó de esa forma y por qué utilizó esos colores. Sé como Sherlock Holmes y realiza preguntas hasta que estés viendo con claridad la respuesta.

Inhala y exhala a través de tu chakra corazón, relájate y sonríe.

Paso 4

Cierra tus Registros Akáshicos.
Una vez que hayas cerrado tus Registros Akáshicos, lee la respuesta una vez más y analiza si te es posible sentir su energía. La mayoría de las personas visualizan con facilidad y no tienen problemas al entender el significado simbólico de ello, pero, por favor, no te desanimes si no fuiste capaz de ver una imagen. Probablemente tienes más una conexión audible, en lugar de una fuerza visual.

En cualquier caso, lo más importante es recibir la energía. Imágenes o palabras son secundarias porque es la vibración energética la que hará una diferencia en tu vida.

Cómo usar este ejercicio durante tus prácticas diarias

Yo disfruto trabajando con imágenes en mis Registros Akáshicos. Me ayudan a recibir una respuesta que se siente totalmente inesperada y nueva para mí, lo que es siempre una grata confirmación de que los mensajes provienen de mis Maestros y Profesores y no de mí misma.

Aquí hay algunas sugerencias de cómo puedes trabajar con imágenes en tus Registros Akáshicos.

• Puedes pedir imágenes como caras sonrientes o la medida en una escala del uno al diez para ayudarte a determinar si algo es para tu más alto bien o no.

Maestros y Profesores, por favor muéstrenme la imagen de una cara sonriente que me aclare si elegir _____ es para mi más alto bien.

Maestros y Profesores, por favor muéstrenme en una escala del uno al diez, siendo el uno lo peor y el diez lo mejor, si _____ es para mi más alto bien.

- También puedes comenzar a establecer tus propias señales y sus significados con tus registros. Esto es benéfico si recibes una respuesta sobre la cual te sientas inseguro o dudoso. Puedes entonces caer en tu propio "lenguaje de señas" con los Registros Akáshicos.

Maestros y Profesores, por favor muéstrenme una señal que signifique sí, una señal que signifique no, una para seguir adelante y una para detenerme.

Por años, yo utilicé un girasol como símbolo de un sí y un semáforo como indicador de un no.

Ejercicio 5

Tus sentimientos son tu brújula hacia la alegría y la felicidad.
—Gabrielle Orr

Sintiendo la energía de los Registros Akáshicos

Algunas cosas son imposibles de explicar con palabras. Las palabras pueden solamente llevarte lejos. Pueden servir como un indicativo hacia tu destino, pero no pueden ser tu destino. Algunas cosas solo necesitan sentirse. Este ejercicio te acercará al sentimiento de la vibración de tus Registros Akáshicos mientras recibes su guía. Sentir la vibración de los Registros Akáshicos te permitirá abrir tu corazón y vivir tu vida de forma pacífica y balanceada.

Paso 1
  Abre tus Registros Akáshicos con la oración.

Paso 2
  Realiza las siguientes preguntas:

¿Se encuentran abiertos mis Registros Akáshicos?

Maestros y Profesores, por favor permítanme percibir cómo se siente el amor incondicional para ustedes.

Cierra tus ojos por un momento y permítete simplemente sentir.

Paso 3
    Anota tus experiencias tanto como puedas. Como ya mencioné, en ocasiones es muy difícil describir los sentimientos adecuadamente con palabras.

Paso 4
    Cierra tus Registros Akáshicos.

Siempre me sorprenden las respuestas que reciben mis estudiantes cuando realizan este ejercicio. Normalmente se abre su chakra corazón. Sus experiencias son inesperadas y difíciles de describir con palabras. El sentimiento es más grande, más expansivo, más grandioso de lo imaginado y no tiene mucho que ver con la manera en que describimos el amor en general.

Vuelve a la página 4 y compara la respuesta que acabas de recibir con la respuesta que escribiste en ese entonces. ¿En qué se diferencían las respuestas? Recuerda por favor que la respuesta de la página 4 fue tú explicación del amor incondicional y las respuestas de este ejercicio reflejan la forma en que tus Registros Akáshicos experimentan el amor incondicional. Normalmente la segunda respuesta es mucho más pura, sincera de corazón e ilimitada, mientras que tu respuesta proviene más desde el intelecto.

Cómo usar este ejercicio durante tus prácticas diarias

Puedes pedir sentir paz, amor, alegría o emoción en tu vida. También puedes preguntar cómo se sentiría ser sano, abundante, feliz, amado, exitoso o cualquier otra cosa que quisieras experimentar en tu vida. Por ejemplo, muchas personas quisieran tener más dinero en sus vidas.

Si esto también se encuentra en tu lista de deseos, puedes realizar las siguientes preguntas:

Maestro y Profesores, por favor permítanme percibir cómo se siente la prosperidad para ustedes.

¿Cómo puedo integrar este sentimiento a mi vida?

Otro ejemplo de cómo usamos este tipo de pregunta, sería:

Maestros y Profesores, por favor permítanme sentir cuán amado soy.

Maestros y Profesores, por favor permítanme percibir cómo se siente ser exitoso.

Ejercicio 6

Pide y se te dará.
—*La Biblia*

Cómo formular las preguntas correctas en tus Registros Akáshicos

Las preguntas que realizas en los Registros Akáshicos, tienen una calidad y vibración específicas. Mientras más altas y claras sean la vibración e intención, más fácil será para ti recibir y comprender las respuestas.

Formula cada pregunta alrededor de un problema o reto específico.

Las buenas preguntas son claras incluso si son largas.

Realiza una pregunta principal sobre tu reto y después varias preguntas secundarias para darle claridad a la respuesta.

Las preguntas realizadas en modo «debería», no son muy benéficas porque indica una expectativa, así como una manifestación futura desde un punto de vista en el pasado. Por ejemplo, ¿debería regresar a la escuela para aumentar mis ingresos? ¿Debería moverme a una distinta región para dejar ir mi pasado? Los Maestros y Profesores nunca nos forzarán a que vayamos hacia una dirección específica. Siempre tendremos libre albedrío. Su guía es amorosa, gentil y amable.

Lo mismo aplica para preguntas que se realizan en forma «sería», porque generalmente expresan probabilidad o presunción. Por ejemplo, ¿sería bueno para mí mudarme a una región nueva para ser más feliz en mi vida? ¿Sería más sano que no estuviera en semejante relación tan estresante con mi esposo? ¿Sería yo exitoso si hubiera ido al colegio?

Formula tu pregunta principal en el presente. Algunas preguntas secundarias pueden llevarte hacia el pasado para que puedas eliminar el origen de un problema o hacia el futuro para poder crear un nuevo patrón de pensamiento o creencia que te beneficie más en el viaje de tu vida.

Sé curioso como un niño y realiza preguntas como en el título de la versión en alemán de la canción de Plaza Sésamo: «Quién, cómo, qué, por qué y para qué, para qué, para qué; aquellos que no preguntan permanecen ignorantes». También puedes pensar en ti mismo como un reportero y realizar tus preguntas hasta que estés completamente satisfecho con el resultado.

Cómo realizar las preguntas más benéficas durante tus prácticas diarias

• ¿Qué es lo más importante que necesito saber en este momento de mi vida?

• ¿Qué necesito saber para vivir alineado al propósito de mi alma?

• ¿Qué necesito saber para recordar quién soy en realidad y qué vine a hacer aquí?

• ¿Qué necesito saber para estar totalmente presente para este evento/reunión/relación/inversión?

- ¿Hay algo que deba dejar ir (juicios, miedo, ansiedad, prejuicios) para estar totalmente presente para este evento/reunión/relación/inversión?

- ¿Qué necesito saber para recibir claridad y respuestas auténticas de mis Registros Akáshicos?

- ¿Qué me está enseñando esta situación?

- ¿Cuál es el propósito más profundo de esta experiencia y qué necesito aprender de ella?

- ¿Cómo puedo dejar ir este problema o reto?

- ¿Qué necesito saber para experimentar balance y paz en mi vida?

- ¿Qué necesito saber sobre ser exitoso?

- ¿Qué definición de éxito aplica para mí y cómo puedo implementarlo a mi vida?

- ¿Cuáles son los motivos subyacentes de mis retos de salud?

- ¿Qué necesito saber para cambiar estos motivos subyacentes y crear salud y bienestar en mi vida?

- ¿Cuál es mi propósito en mis relaciones y cómo puedo alinearme con este propósito?

- ¿Qué necesito saber para vivir una vida alineada con mi creador?

- ¿Cómo puedo fortalecer mi relación con mi creador?

Ejercicio 7

Todo está conectado a la Fuente Única.
—Gabrielle Orr

Preguntando información sobre asuntos neutrales

En este tipo de ejercicio, «asunto neutral» se refiere a un tema que no provoca una reacción emocional en ti; algo en lo que estás interesado o con lo que estás relacionado y fácil para ti de observar con indiferencia. Puede referirse a tus pasatiempos, ambiente laboral, intereses sociales, descubrimientos científicos y muchas otras cosas.

Volverte cómodo con este tipo de ejercicio te ayudará a tener un entendimiento más profundo de las cosas, permítete ver situaciones desde una perspectiva diferente y neutral, ganando información sobre cualquier tema en tu vida diaria.

En una ocasión yo pedí recibir información sobre las motocicletas Harley Davidson. Lo primero que los Maestros y Profesores me permitieron escuchar fue el sonido profundo de un motor Harley. Después, me permitieron experimentar un sentimiento fuerte de orgullo, el sentimiento maravilloso de pertenecer a una comunidad y ser parte de algo especial.

Mis registros me dijeron cómo comenzó la compañía. Hablaron sobre los problemas por los que tuvieron que pasar los propietarios para lograr que sus motocicletas fueran especiales y únicas y mantenerlo así. Yo fui capaz de sentir la emoción y determinación del Sr. Harley y el Sr. Davidson, y nunca volveré a ver esas motocicletas de la misma manera.

En otra ocasión pregunté por información sobre la terapia de masaje. Los Registros Akáshicos me mostraron cómo un pulgar aplica presión a un músculo y cómo esa presión, eventualmente, alcanzará a todas las demás células en el cuerpo. La estimulación del tejido muscular impacta el Sistema Nervioso y, así, a cada otro sistema en nuestros cuerpos. La terapia de masaje tiene un alcance mucho mayor que sólo nuestros músculos. Es realmente una sanación para todo nuestro ser.

Paso 1
Abre tus Registros Akáshicos con la oración.

Paso 2
Piensa en un tema neutral sobre el cual te gustaría recibir más información.

Realiza las siguientes preguntas:

¿Se encuentran abiertos mis Registros Akáshicos?

Maestros y Profesores, por favor denme información sobre _____ (llena con tu tema neutral).

Cierra los ojos por un momento y permítete simplemente sentir.

Paso 3
Toma nota de tus experiencias describiéndolas lo más que puedas.

Paso 4

Cierra tus Registros Akáshicos.

¿Obtuviste algún nuevo conocimiento? Quizá recibiste una confirmación sobre tu interés, lo que te hará disfrutarlo aún más. Usualmente soy capaz de ver cosas desde una perspectiva diferente, lo que me permite acercarme a eso de forma más informada.

Cómo usar este ejercicio durante tus prácticas diarias

Utiliza este ejercicio tan seguido como te sea posible. Pregunta sobre tus pasatiempos, programas de televisión, comida, dietas, programas de ejercicios, coches, yoga, meditación, libros, bienes raíces, mascotas, animales, plantas, calentamiento global, política, y más.

Si practicas seguido este ejercicio, descubrirás un lado de la vida completamente nuevo y, posteriormente, de ti mismo.

Ejercicio 8

Sé ahora el motivo de la felicidad de alguien.
—Gabrielle Orr

Preguntando información acerca de otras personas

¿Tenemos permitido realizar preguntas sobre otras personas en los Registros Akáshicos? Absolutamente, mientras los involucrados tengan alguna relación contigo. Teóricamente, puedes hacer cualquier pregunta que desees. Si no te conciernen, no recibirás una respuesta. Si la pregunta no se realiza con integridad, o bien no escucharás nada, o recibirás observaciones como «¿Por qué lo preguntas? ¡Esto no te corresponde en este momento! Una mejor pregunta que podrías realizar sería _____». En ocasiones, los registros te voltearán la pregunta y la harán referente a la persona que pregunta. Por ejemplo, si realizas una pregunta como «¿Mis compañeros de trabajo están hablando sobre mí a mis espaldas?», la respuesta pudiera ser «¿Por qué es tan importante para ti lo que otros eligen hacer?»

De cualquier forma, por favor se consciente de que recibirás los mejores resultados si preguntas con la más alta integridad y lo refieres a tu propio crecimiento y viaje. El siguiente ejercicio te proveerá con algunos buenos ejemplos.

Antes de que abras tus registros piensa en alguien que te moleste.

Paso 1.
Abre tus Registros Akáshicos con la oración.

Paso 2.
Realiza las siguientes preguntas:

¿Se encuentran abiertos mis Registros Akáshicos?

Maestros y Profesores, ¿qué necesito saber acerca de esta persona (quien me molesta) en relación conmigo?

Por favor muéstrame a esta persona a través de los ojos de los Registros Akáshicos. ¿Qué necesito saber para mejorar/sanar esta relación?

¿Qué necesito saber acerca de esta persona para entenderla o entender la situación?

Paso 3
Contesta una pregunta tras otra y anota tus experiencias.

Asegúrate de realizar todas las preguntas mientras tienes abiertos tus Registros Akáshicos, y no te detengas prematuramente. La cuarta pregunta es, en realidad, la pregunta más importante de este ejercicio.

Paso 4
Cierra tus Registros Akáshicos.

¿Ganaste algún conocimiento nuevo sobre esta persona y tu relación con él o ella?

¿Eres capaz de sentir que los Registros Akáshicos no juzgan ni sienten prejuicios sobre esta persona?

La tercera pregunta de este ejercicio te permite sentir el dolor y esfuerzo de la otra persona, lo que te permitirá abrir más tu corazón y dejar ir muchas interpretaciones y asunciones erróneas que mantiene el ego. Es casi como si pudiéramos caminar algunos pasos en los zapatos de la otra persona.

De cualquier forma, nunca he experimentado ningún juicio de los registros hacia ninguna persona, incluida yo misma. El amor incondicional es verdaderamente la única cosa que generan los Maestros y Profesores.

Cómo usar este ejercicio durante tus prácticas diarias

Puedes pedir información sobre cualquiera, siempre y cuando se relaciones contigo de alguna manera. No tiene que ser alguien que te moleste. Pregunta sobre tus padres, hijos, pareja, compañeros de trabajo, vecinos, amigos y familia. También puedes preguntar sobre alguna empresa, políticos y otras personalidades.

Por favor recuerda que recibirás lo máximo posible en tus respuestas cuando pidas ver las circunstancias también desde la perspectiva de los Registros Akáshicos. No te estanques ni te limites con tu punto de vista. Las siguientes tres preguntas proveerán una estructura benéfica para mantenerte concentrado en tus intenciones, para que puedas crear un cambio de sanación.

Maestros y Profesores, ¿qué necesito saber acerca de esta persona en relación conmigo?

Por favor muéstrenme a esta persona a través de los ojos de los Registros Akáshicos.

¿Qué necesito saber sobre esta persona para ver nuestra relación desde una perspectiva más alta?

EJERCICIO 9

Las vidas pasadas tienen importancia si se les relaciona con el ahora.
—*Gabrielle Orr*

Vidas pasadas

En este punto, tenemos que preguntarnos a nosotros mismos si existen las vidas pasadas. ¿Experimentamos una vida antes de esta y tuvimos experiencias que podrían seguir afectándonos ahora? Yo no creía en las vidas pasadas cuando comencé mi viaje con los Registros Akáshicos. Yo negaba en seco su existencia incluso sin saber nada sobre ellas en ese entonces. El concepto me sonaba sencillamente escalofriante y no quería tener nada que ver con eso.

Ahora sé que las vidas pasadas sí existen. Durante mi trabajo con los Registros Akáshicos yo lo he experimentado y sentido en cada nivel y ya no tengo razón alguna para sentirme incómoda con este tema. Mi regla general es que estoy viviendo ahora y es aquí en donde quiero mantener mi energía. De cualquier forma, en ocasiones es benéfico revisar una experiencia de alguna vida pasada para poder vivir una mejor vida ahora. Así que estoy abriéndome ante la oportunidad para hacerlo.

Las siguientes preguntas te guiarán hacia una experiencia tuya de alguna vida pasada. Por favor sé consciente de que no hay nada por qué temer. Tú siempre tienes el control y sólo puedes aprender y beneficiarte de este ejercicio.

Paso 1

Abre tus Registros Akáshicos con la oración.

Paso 2

Realiza las siguientes preguntas:

¿Se encuentran abiertos mis Registros Akáshicos?

Maestros y Profesores, muéstrenme un patrón que tengo hoy en día, que haya sido originado en una vida pasada.

Por favor asegúrate de permitir que tus Maestros y Profesores seleccionen un patrón tuyo, porque tú no sabes si el patrón se originó o no a partir de una vida pasada. Tómate tu tiempo, no te apresures; el patrón llegará.

¿Cómo se relaciona el patrón a una vida pasada? Obtén el sentimiento por la vida pasada a la cual se están refiriendo los registros. ¿Puedes comprender lo que sucedió en ese entonces? Analiza si logras ver a color o en blanco y negro. ¿Puedes oler algo o escuchar voces o música? ¿Estás consciente del ambiente en el que estabas durante esta vida pasada? Vuélvete sensible ante todo y sé consciente de que estás siempre seguro y tienes el control. Siempre puedes pedir guía y consuelo a tus Maestros y Profesores.

Pide consejo sobre cómo cambiar el patrón.

Paso 3

Toma nota de tus experiencias describiéndolas lo más que puedas.

Paso 4
Cierra tus Registros Akáshicos.

¿Obtuviste algún conocimiento nuevo?

He aquí un ejemplo de mi propia experiencia. Un patrón que me mostraron los registros durante este ejercicio fue que me gusta mantener los pisos limpios. Incluso aunque eso es cierto, yo me sorprendí bastante. Creía que eso era normal y nunca pensé que fuera una influencia residual de una vida pasada. Mis pisos siempre están limpios. No me importa si las ventanas están sucias o si hay algo de polvo sobre los libreros, pero mis pisos siempre permanecen limpios. Cuando pedí ver en dónde se originó este patrón, ellos me mostraron que yo era una niña viviendo y trabajando en un antiguo monasterio. Mi trabajo era limpiar los pasillos cuando las monjas entraban desde los jardines o de vuelta de la ciudad. Si hacía un buen trabajo, recibía una comida completa por la noche. Si no realizaba un buen trabajo, sólo recibía pan y agua. Los pisos limpios eran esenciales para mi supervivencia, así que ese patrón permaneció conmigo. Cuando pregunté cómo cambiar este patrón, mis Maestros y Profesores me dijeron que no era gran cosa. Me dijeron que sólo debía estar consciente de eso y no dejar que controlara mi rutina matutina. Mi solución: compré una Roomba, que es una aspiradora autopropulsada para limpieza. Problema resuelto.

Cómo utilizar este ejercicio durante tus prácticas diarias

En algún momento estarás trabajando en tus registros sobre un tema tuyo y tus Maestros y Profesores te dirán que eso se originó desde una vida pasada. Si es ese el caso, sólo sigue las preguntas tres y cuatro de este ejercicio para obtener más información sobre tu consulta.

También puedes preguntar directamente sobre vidas pasadas, respecto a personas en tu vida o lugares a los que te sientas atraído.

¿Existe alguna conexión de vida pasada entre esta persona y yo?

¿Te sientes atraído a este lugar por una experiencia de una vida pasada?

Por favor asegúrate de que la pregunta se relacione con tu vida presente, porque esta es la experiencia que tu alma ha elegido para este momento. No le encuentro beneficio a realizar preguntas al azar sobre vidas pasadas. Vive en la realidad y mantente concentrado y anclado en tu integridad.

EJERCICIO 10

En el principio era el verbo.
—John 1:1, La Biblia

Oraciones y afirmaciones

La oración es la invocación para conectar con una energía divina a través de comunicación deliberada, ya sea para expresar gratitud, para celebrar la felicidad de estar vivo, para buscar guía y consejo o para pedir ayuda y apoyo.

Trabajaremos con la oración en los Registros Akáshicos familiarizándonos con las oraciones que se nos han dado a través de los registros. También pediremos recibir oraciones que son para propósitos propios y únicos. Las oraciones pueden utilizarse mientras te encuentras dentro de tus Registros Akáshicos o fuera de ellos.

Oración para Seres Queridos y entidades

Padre/Madre/Dios, te pedimos que esta entidad/alma sea enviada a su camino de evolución espiritual para el mayor bien y beneficio mutuo de todos los involucrados.

Es benéfico decir esta oración para cualquiera que haya fallecido. No importa si conocíamos personalmente al fallecido o si él o ella es un extraño. Diciendo esta oración puedes apoyar a cualquiera que se está moviendo hacia el otro reino.

Esta oración también sirve para limpiar espacios o energía estancada; es una práctica utilizada frecuentemente en el feng shui o en otros rituales, sahumando con salvia.

La oración comienza con Padre/Madre/Dios para no ocasionar una imagen conceptual del creador divino, al contrario, eliminar la necesidad de nuestro ego para controlar nuestra realidad.

Oración para liberarnos de influencias externas

Si lo que estoy experimentando no es mío, pido que Dios coloque su escudo protector alrededor mío y yo libere lo que fuere hacia él.

Esta oración ayuda a limpiarnos de pensamientos y emociones que no están ligadas a nuestro ser y experiencias. En algunas ocasiones la gente que trabaja muy intensamente con otros, está propensa a tomar los dolores y problemas de los demás. Son muy empáticos y pueden perder el sentido de lo que es su propia energía y qué le pertenece a la otra persona. Enfermeras, masajistas, terapeutas y otros que trabajan con el cuerpo humano, cargan seguido con los problemas de sus clientes, sin percatarse realmente de ello. Esta oración es una forma maravillosa para limpiar tu energía de cualquier interferencia.

Oración para perdón de ti mismo y otros

Si algo o alguien me hirió en el pasado, consciente o inconscientemente, yo lo perdono y lo libero. Si yo he herido a alguien o algo en el pasado, consciente o inconscientemente, yo lo perdono y lo libero.

El perdón es renunciar al resentimiento, enojo y amargura que trajo como resultado una ofensa, desacuerdo, agresión o error. El perdón es también otra palabra para «dejar ir algo». Cuando alguien practica el perdón, él o ella están dejando ir el resentimiento, enojo y amargura que mantienen en su propio campo energético. Reemplazar estas energías con amor, entendimiento y paz, tiene un gran efecto en nosotros en cada área de nuestras vidas. ¡El perdón «te» liberará!

Esta oración tiene doble efecto al permitirnos perdonar a otros y también para pedir que otros nos perdonen. No es necesario dirigir cada incidente o persona en específico. La intención y deseo de perdonar y pedir perdón serán los componentes más importantes. El resto está en manos del universo.

Afirmaciones

Las afirmaciones están destinadas a darte una perspectiva diferente, más positiva y constructiva del problema que tienes actualmente. Trabajamos con ellas en los registros de la misma manera en que trabajamos con las oraciones.

Para este ejercicio, piensa en un problema que tienes actualmente en tu vida.

Paso 1
Abre tus Registros Akáshicos con la oración.

Paso 2
Realiza las siguientes preguntas:

¿Se encuentran abiertos mis Registros Akáshicos?

Maestros y Profesores, proporciónenme por favor una oración o afirmación que me ayude con mi problema actual.

Pide instrucciones sobre qué tan seguido recitar la oración o afirmación.

Paso 3
Toma nota de tus experiencias describiéndolas lo más que puedas.

Paso 4
Cierra tus Registros Akáshicos.

¿Recibiste una oración o afirmación que te ayudó a cambiar tu perspectiva de tu problema actual?

He aquí un ejemplo. Un cliente pide recibir una oración para tener una autoestima más sana. Los registros le proporcionan al cliente la siguiente oración/afirmación: «¡Yo soy el centro del universo!» e instruyen al cliente para que recite estas palabras cuando sea que comience a quejarse de otros.

Una clienta diferente pide recibir una oración que la ayude a escribir un libro. Esta es la respuesta que recibió:

«Es como tener hijos.

»Primero concibes;

»Después das a luz;

»Entonces crías;

»Y al final tienes que dejar ir para darle oportunidad a otra creación».

Cómo usar este ejercicio durante tus prácticas diarias

Estas oraciones y afirmaciones pueden actuar como un shot vitamínico rápido. A medida que nos volvemos más conscientes de nuestros miedos y patrones negativos, podemos apoyarnos en la oración que hemos recibido de los Registros Akáshicos para prevenir la pérdida de energía o aumentar nuestro «cuerpo de dolor»7. Podemos utilizar estas oraciones como un mantra, repitiéndolas una y otra vez para dejar ir nuestros pensamientos indeseados y problemas. Con el tiempo comprenderemos que «en realidad somos el centro del universo» y permitiremos que nuestra creatividad fluya libremente.

Puedes pedir oraciones para cualquier área de tu vida, como salud, abundancia, balance, paz, carrera profesional, relaciones, creaciones y espiritualidad.

EJERCICIO 11

La gracia es dar a través del amor incondicional.
—Gabrielle Orr

Puntos de Gracia

Los Puntos de Gracia pueden ser utilizados para ayudarte a soltar temas heredados de familiares y de relaciones (Ej: problemas de dinero o alcohol dentro de la familia) para el más alto bien y beneficio mutuo de todos los involucrados.

Los Puntos de Gracia son puntos de presión localizados en cualquiera de tus manos. Cuando son tocados gentilmente, los puntos de gracia estimulan los meridianos energéticos en tu cuerpo, que están conectados con tu corazón y tu alma. Usar conscientemente la intención u oración mientras utilizas estos puntos, te permite relajarte, reconectarte con la sabiduría divina y moverse hacia un estado de claridad y paz, más abierto y receptivo.

La Gracia son el amor incondicional y el perdón, entregados libremente por la fuente que regenera y fortalece a los seres humanos. Todos tienen la capacidad de abrirse para recibir Gracia durante tiempos de dificultad. Los únicos prerrequisitos son que debemos estar receptivos y en un estado de gratitud.

Los siguientes Puntos de Gracia han sido recibidos a través de los Registros Akáshicos (en conjunto con la Organización Internacional de Consultantes de Registros Akáshicos), y pueden ser utilizados en cualquiera de las manos mientras tus Registros Akáshicos estén abiertos o cerrados.

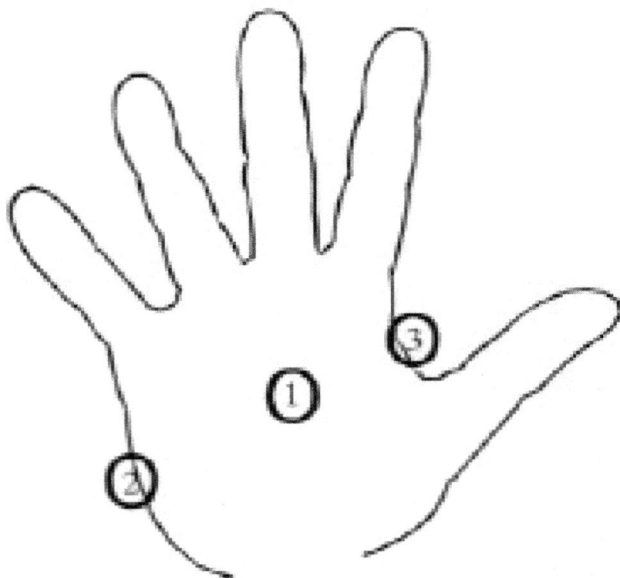

Punto uno:
Punto de Gracia Principal, localizado en el centro de la palma.

Aplicar presión en este punto te ayuda a liberar cualquier energía contenida que estés manteniendo, para que puedas ver las cosas con mayor claridad. Puedes ver el origen de tu problema con claridad. También te abre a experiencias más positivas y pacíficas en tu vida.

Punto dos:
Punto de Liberación del Cuerpo, localizado en el centro de un lado de la palma, debajo del meñique.

Estimulando la energía de este punto te permite liberar energía estancada como juicios, emociones, dolor, creencias y patrones negativos de tu cuerpo.

Punto tres:
Punto Ancestral, localizado en el tejido entre los dedos pulgar e índice.

Aplicar presión en este punto te ayuda a liberar juicios, creencias y emociones que han sido pasados a través de tu línea genética. (Ej.: «Somos del lado pobre de la ciudad»; «Este problema sólo sucede en nuestra familia».)

Cómo usar los Puntos de Gracia

Antes de que comiences a trabajar con los puntos de gracia, piensa en un asunto que te gustaría aclarar o soltar.

Fija tu intención de estar en paz y experimentar la gracia divina en tu ser.

Paso 1
  Abre tus Registros Akáshicos con la oración.

Paso 2
  Realiza las siguientes preguntas:

¿Se encuentran abiertos mis Registros Akáshicos?

Maestros y Profesores, por favor ayúdenme a liberar los siguientes temas para el más alto bien y el beneficio mutuo de todos los involucrados.

(Utiliza ese asunto que elegiste antes de abrir tus Registros Akáshicos).

Maestros y Profesores ayúdenme por favor para recibir gracia y paz divina.

Con el pulgar de una mano, aplica una presión gentil en el Punto de Gracia Principal sobre la otra mano. Concentra toda tu atención en aplicar presión sobre este punto y en tu asunto, al mismo tiempo. Tómate tu tiempo con esto, tres o cuatro minutos hasta que sientas un cambio en tu energía.

Observa la imagen de la mano para asegurarte de elegir el Punto de Gracia correcto.

Por favor recuerda que el aplicar presión en este punto te ayuda a liberar cualquier energía negativa que estés sosteniendo, para que puedas ver las cosas con mayor claridad. También te abre a tener experiencias más positivas y pacíficas en tu vida.

Con el pulgar de una mano, aplica una presión gentil en el Punto de Liberación del cuerpo sobre la otra mano. Concentra toda tu atención en aplicar presión sobre este punto y en tu asunto, al mismo tiempo. Tómate tu tiempo con esto, tres o cuatro minutos hasta que sientas un cambio en tu energía.

Observa la imagen de la mano para asegurarte de elegir el Punto de Gracia correcto.

Por favor recuerda que aplicar presión en este punto te permite liberar energía estancada de tu cuerpo, como juicios, creencias negativas, emociones y dolor.

Con el pulgar de una mano, aplica una presión gentil en el Punto Ancestral sobre la otra mano. Concentra toda tu atención en aplicar presión sobre este punto y en tu asunto, al mismo tiempo. Tómate tu tiempo con esto, tres o cuatro minutos hasta que sientas un cambio en tu energía.

Observa la imagen de la mano para asegurarte de elegir el Punto de Gracia correcto.

Este punto te ayuda a liberar juicios, creencias y emociones que se han transmitido a través de tu linaje genético.

Paso 3

Toma nota de tus experiencias.

Paso 4

Cierra tus Registros Akáshicos.

Sé que este proceso suena demasiado fácil para ser efectivo. Sin embargo, he sido testigo de tantos momentos eureka en mis clientes, estudiantes y en mí misma, que me siento obligada a compartir estos Puntos de Gracia contigo. Que te sirvan tanto como me han servido a mí.

Cómo usar este ejercicio durante tus prácticas diarias

Utiliza los Puntos de Gracia cuando sea que sientas emerger uno de tus patrones. Es una herramienta muy simple, y deberías ser capaz de recordar los puntos y la secuencia fácilmente después de unas pocas prácticas.

También es seguro que utilices los Puntos de Gracia cuando no estás dentro de tus Registros Akáshicos. Puedes practicar la rutina en cualquier momento en que te sientas molesto, ansioso o listo para dejar ir algo. El apoyo divino siempre estará contigo cuando tus intenciones sean genuinas y claras.

EJERCICIO 12

Los ancestros tienen la habilidad de mostrarnos una situación desde una perspectiva diferente.
—Gabrielle Orr

Contactando ancestros

Genéticamente, estamos relacionados con alguien si él o ella es nuestro ancestro o si compartimos algún ancestro en común. Todos tenemos ancestros, por ambas partes, sangre y espíritu, que pueden ser fuentes de sanación, guía y compañerismo. Los ancestros que elegimos honrar pueden incluir miembros de la familia cercanos y/o más distantes. Nuestros ancestros pueden ofrecernos soporte vital mediante consejos y conocimientos, a medida que desarrollamos nuestro potencial aquí en la Tierra. Parte del viaje posterior a la muerte de nuestros ancestros, puede incluir el remendar sus errores mientras estuvieron aquí en la Tierra. Para su bien, tanto como para el nuestro, es bueno pasar un poco de tiempo cultivando nuestras relaciones con nuestros ancestros para poder recibir conocimiento más profundo sobre el origen de nuestros patrones y problemas.

Sólo porque nuestros Seres Queridos hayan fallecido, no significa que ellos sean parte de los Maestros y Profesores en los Registros Akáshicos. Sin embargo, podemos comunicarnos con ellos utilizando nuestra conexión con nuestros Maestros y Profesores en los Registros Akáshicos.

Paso 1

Abre tus Registros Akáshicos con la oración.

Paso 2

Realiza las siguientes preguntas:

¿Se encuentran abiertos mis Registros Akáshicos?

Maestros y Profesores, por favor permitan que se presente algún ancestro mío. (No es poco usual que más de un ancestro se muestre para este ejercicio. Ellos aman hablar con nosotros. Si tienes más de un ancestro que quiera conectar contigo, pide que permanezca aquél que sea más benéfico para este ejercicio y que continúe el diálogo contigo).

Pide que el ancestro se identifique. Quieres saber qué tipo de relación tienen el uno con el otro, como un tío, tía, abuelo, bisabuela, etcétera.

Pide a tu ancestro que clarifique una percepción errónea que hayas adquirido durante tu niñez.

Por ejemplo:

Puedes temerle a los perros porque tu madre siempre entraba en pánico cuando veía que un perro se acercaba a ti, o puedes tener cuestiones de abandono porque tus padres se separaron durante tu niñez. También pudiera ser que sufres baja autoestima porque tus padres no tenían suficiente dinero para comprarte ropas nuevas, lo que te hacía sentir no merecedor de cosas buenas y bonitas.

Pregunta si aún estás atado al evento que ha creado el patrón o problema.

¿Aún te sientes abandonado, tienes baja autoestima o sientes que no mereces cosas lindas?

Pídele a tus ancestros que te ayuden a sanar ese evento y a dejar ir tus percepciones erróneas.

Maestros y Profesores, ¿qué necesito saber para dejar ir esta experiencia y sentirme en paz con ello?

Paso 3
Toma nota de tus experiencias.

Paso 4
Cierra tus Registros Akáshicos.

¿Fuiste capaz de reconocer a tu ancestro?

¿Cómo se sintió la energía?

¿Fuiste capaz de comprender el consejo de tu ancestro?

Nuestros ancestros aman hablar con nosotros. Su intención principal es que nos sintamos amados y atendidos en todo momento. Ellos también entienden que la mayor parte de nuestros sufrimientos se derivan de malentendidos y percepciones erróneas. Una vez que seas capaz de ver una situación desde una perspectiva diferente, podrás dejar ir las creencias indeseables a las que te estás atando y podrás estar en paz con los eventos de tu pasado.

Cómo usar este ejercicio durante tus prácticas diarias

Contacta con tus ancestros cuando sea que sientas que tienes asuntos sin resolver con un evento de tu pasado. Puedes preguntar por un ancestro en específico, como tu tío Billy, o dejar que los Registros Akáshicos elijan al mejor frente a esta situación, para que se presente ante ti y te hable.

Es posible que los ancestros solamente se presenten durante uno de tus ejercicios para hablar contigo sin que tengas que pedir por su presencia. Recuerda por favor que tú tienes el control de la lectura y puedes elegir si quieres comunicarte o no con un ancestro.

EJERCICIO 13

Aprende a crear tu propia felicidad.
—Gabrielle Orr

Cartas del oráculo, cartas angelicales, frases inspiracionales, periódicos y otras herramientas

En ocasiones me gusta «jugar» con cartas del oráculo y angelicales en mis Registros Akáshicos. Estas cartas generalmente tienen un panorama muy positivo de la vida y tienen la intención de guiarte hacia tu propósito más elevado. Yo utilizo estas cartas a mi manera, contrario a como fue intencionado por el autor.

Podrías recibir una respuesta sobre algún tema o problema que parezca completamente ajeno a la pregunta original. Te puede sorprender una respuesta impredecible que no suene como tus diálogos internos, a los que puede que ya estés acostumbrado a estas alturas. Es una manera bastante eficiente para sacar tu ego de una lectura y te facilita mucho el que recibas una respuesta clara de tus Registros Akáshicos.

Paso 1
Abre tus Registros Akáshicos con la oración.

Paso 2
   Realiza las siguientes preguntas:

¿Se encuentran abiertos mis Registros Akáshicos?

Elige una carta del mazo de tu elección, lee la carta y después pregúntale a tus Maestros y Profesores: «¿Cómo se relaciona esta carta conmigo?» o «¿Cómo se relaciona esta carta con algún asunto mío?»

Paso 3
   Toma nota de tus resultados.

Paso 4
   Cierra tus Registros Akáshicos.

Cualquier pregunta te proveerá respuestas que se relacionen con lo que estás experimentando en tu vida en este momento.

Cómo usar este ejercicio durante tus prácticas diarias

Puedes utilizar cualquier tipo de cartas, artículos, libros o citas para este ejercicio.

A mí me gusta utilizar las cartas «Pensamientos de poder» de Louise L. Hay, o las cartas «Inner Peace» del Dr. Wayne Dyer (N. del T.: no disponibles en español). Pero otras cartas pueden servir también. También puedes tomar un artículo de periódico o un párrafo de cualquier libro y preguntarle a tus Registros Akáshicos cómo se relacionan ese artículo o ese párrafo contigo.

No importa qué herramienta utilices para este ejercicio porque tus Maestros y Profesores te proveerán con la respuesta apropiada que necesitas saber para seguir adelante con tu situación.

Parte V

HACIENDO TUYA LA PRÁCTICA DE REGISTROS AKÁSHICOS

Hazlo siempre a tu manera.
Así es como el universo se regocija más en ti.
—Gabrielle Orr

¿Qué tan seguido debería acceder a mis Registros Akáshicos?

Tan seguido como te sea posible. Este no es uno de tus planes de celular en donde tienes minutos limitados. Tu acceso es ilimitado. Comunícate diario con tus Registros Akáshicos. Mientras más practiques tu conexión y comunicación, más alineado estarás con esta fuente. Una vez que te sientas cómodo con tus Maestros y Profesores, puedes cambiar tu rutina diaria y realizar la conexión cuando surjan las preguntas, incluso si son únicamente dos o tres veces por semana.

¿Qué preguntas hago?

Realiza cualquier pregunta que te ayude con tu vida y tu viaje. Utiliza las preguntas en este libro y redirígelas hacia tus necesidades. Sé amable contigo mismo, incluso si te encuentras realizando la misma pregunta una y otra vez. Estás en un viaje evolutivo. En algunas ocasiones nos toma un tiempo movernos a través de una fase y experimentar el progreso en nuestras vidas. Date el tiempo y la atención que necesitas para moverte a través de tus retos y haz de esta una experiencia feliz y llena de gozo.

Mantenlo sagrado

Mantén este proceso sagrado y divino. La Oración del Sendero es un proceso único que funciona para cualquiera que resuene con su energía. En muchas ocasiones nos sentimos emocionados acerca de algo y queremos compartirlo con otros. Mi consejo para ti es que compartas tus experiencias con otros, pero mantente desapegado de su receptividad. Si tus amigos están abiertos a tu oferta, disfruta de su respuesta. Si tus amigos no muestran ningún interés o hablan en contra, entonces honra el lugar en que se encuentran dentro de sus caminos y disfruta también sus respuestas. Es mucho más importante que tú te mantengas concentrado en tu propia experiencia sagrada a que te entrometas en los asuntos de alguien más. Ultimadamente, lo que tú hagas por ti mismo, afectará a todos los demás. Estés consciente de ello o no, todo lo que haces tiene un efecto significativo en tu entorno. Me referiré más a esta UNIDAD en la clase de nivel cuatro.

¿Qué te enseñarán las clases de los niveles dos, tres y cuatro?

Sólo porque pares de buscar, no significa que ya hayas llegado.
—Gabrielle Orr

William Shakespeare tenía la razón cuando dijo: «tenemos nuestro destino en nuestras propias manos». Ya que nuestras vidas son sobre el viaje mismo, siempre tenemos algo nuevo por explorar y hacia dónde evolucionar. Los siguientes seminarios están diseñados para apoyarte en la expansión y elevarte hacia el siguiente nivel. Por favor, mantén en mente que aprender a acceder a los Registros Akáshicos de alguien más, no solo te permitirán ayudar a otros, sino que también te brindarán una comprensión más rica de las increíbles profundidades que alcanzarás con este trabajo.

Registros Akáshicos nivel 2:
Cómo acceder a los Registros Akáshicos de alguien más

Descripción del curso

Una vez que completes esta clase intensiva, serás capaz de:

- Brindar lecturas para otros con destreza
- Dejar ir contratos y ataduras
- Implementar técnicas especiales para cambiar tu ADN utilizando los Puntos de Gracia Avanzados
- Encontrar el origen de los problemas de salud, patrones y retos de tus «clientes», y cómo asistirlos para crear un resultado más benéfico
- Alinear, balancear y animar a otros a través del espíritu de los Registros Akáshicos
- Trabajar desde un espacio de amor incondicional y compasión, lo que actuará como una gran bendición tanto para ti como para aquellos a quienes sirvas
- Aprender cómo canalizar la información recibida vibracionalmente a través de tu cuarto chakra, en lugar de utilizar únicamente palabras

Esta clase es apropiada para estudiantes que han completado exitosamente la clase de nivel uno.

El contenido de los seminarios de nivel 3 y 4 está incluido en mi libro «Deja que sucedan los milagros – Entendiendo tu propio poder con ayuda de los Registros Akáshicos».

Éste te guiará hacia una comprensión más profunda de tus posibilidades para trabajar con los Registros Akáshicos.

Registros Akáshicos nivel tres:
Cómo usar la guía de los registros Akáshicos para crear un cambio energético de sanación para ti y alguien más

Trabajarás en cambiar energía, revelando y eliminando las raíces de un problema o un reto, para poder lograr sanación en todos los niveles y crear una vida armoniosa para ti y tus clientes.

Descripción del curso

Al completar esta clase intensiva serás capaz de:

• Cambiar la energía a nivel del ADN
• Comprender la importancia de tu mente subconsciente y cómo usarla
  para sanar patrones indeseados y crear lo que realmente quieres
  en tu vida, así como en la vida de tus clientes
• Soltar problemas a nivel kármico
• Soltar ataduras espirituales y lazos energéticos
• Dejar ir creencias mentales falsas y problemas emocionales

Esta clase es apropiada para estudiantes que han completado
exitosamente las clases de nivel uno y dos.

Registros Akáshicos nivel 4: Cómo sentirte uno mismo con Dios, la Fuente y la Creación

Descripción del curso

Trabajarás en cambiar la energía para ti mismo y tus clientes al revelar
y eliminar la separación con nuestra fuente. Una vez completada esta
clase intensiva, serás capaz de:

• Comprender la interconexión de todos los seres, eventos y cosas, y
  explorar tu rol en este campo
• Cambiar tu estructura celular
• Crear paz en tu vida de forma consciente
• Definir las cualidades de la unidad
• Crear y mantener tu conexión con Dios/Unidad/Fuente
• Ver a tus clientes de Registros Akáshicos y a todos los demás como
  parte de esta única unidad y totalidad.

Programa de entrenamiento para maestros certificados

¡Transforma tu vida, enriquece tu práctica y crea un impacto magnífico en el mundo!

- ¡Conviértete en el mejor practicante de Registros Akáshicos que pudieras llegar a ser!
- Enriquece tu comprensión y cultiva tu conexión con tus propios Registros Akáshicos
- Descubre tu potencial de liderazgo a través de los Registros Akáshicos
- Desarrolla y afina tus habilidades, receptividad, discernimiento y habilidad para trabajar con otros en una relación interdependiente
- Utiliza los Registros Akáshicos como un recurso espiritual independiente para el empoderamiento personal y desarrollo de la consciencia
- Accede a los registros Akáshicos para complementar tus prácticas ya existentes
- Sigue tu deseo profundo de servir a otros como un maestro certificado de este trabajo

Esta es una única oportunidad para entrenar con la Rda. Gabrielle Orr, quien se especializa en el uso de Registros Akáshicos para empoderamiento personal y transformación.

Como un graduado de este programa, serás reconocido como parte de un grupo selecto autorizado para enseñar el método de Gabrielle Orr para acceder a los Registros Akáshicos.

LECTURAS RECOMENDADAS

Application of Impossible Things: My Near Death Experience in Iraq by Natalie Sudman. (N. del T.: No disponible en español)

Awakening the Power of a Modern God: Unlock the Mystery and Healing of Your Spiritual DNA. (N del T.: No disponible en español) y El código de Dios de Gregg Braden. El autor Gregg Braden, New York Times best-selling, es reconocido mundialmente como un pionero en conectar la ciencia, la espiritualidad y el mundo real.

La biología de la creencia: La liberación del poder de la conciencia, la materia y los milagros de Bruce H. Lipton, PhD.

El campo: En busca de la fuerza secreta que mueve el universo de Lynne McTaggart.

La ciencia y el campo akásico: Una teoría integral del todo y La experiencia akásica: La ciencia y el campo de memoria cósmica de Ervin Laszlo.

Nominado al Premio Nobel de la Paz en 2004 y 2005, Laszlo es el autor de setenta y cuatro libros, tales como La ciencia y el campo akásico, La ciencia y el reencantamiento del cosmos y La visión sistémica del mundo: Una visión holística para nuestro tiempo.

Glosario

1. Éter. Wikipedia, http://en.wikipedia.org/wiki/Aether Según la ciencia antigua y medieval, el éter (del griego αἰθήρ, con grafías alternativas æther, aither y ether), también conocido como el quinto elemento o quintaesencia, es el material que llena la región del universo más allá de la esfera terrestre.
2. Akasha es el medio del cual provienen y en donde existen todos los demás elementos, como el aire, fuego, agua y tierra. Akasha es el sustento de todo lo que existe. Está en todas partes, todo el tiempo y está interconectado con la calidad del sonido, que lleva la información de la vida misma. —Gabrielle Orr
3. El octavo chakra, el Corazón del Universo, completa la octava en nuestra consciencia basada en la personalidad, que es el portal hacia nuestra más alta consciencia transpersonal. Desde una perspectiva física, el octavo chakra, a diferencia de los otros siete chakras mayores, no reside dentro del cuerpo. En cambio, está suspendido por encima del cuerpo, sobre el chakra coronilla localizado en el punto más alto de la cabeza. Durante la apertura del octavo chakra, el individuo experimenta un cambo espiritual poderoso. Esto trae consigo una nueva consciencia espiritual que engloba todo en la vida de un individuo y puede traer cambios grandes a nivel personal, profesional, mental y emocional. Un chakra abierto de esta manera ayuda al individuo a ver su

interconectividad con toda la vida y abre un portal hacia un entendimiento espiritual y creativo más profundo.

4. Paganismo: cualquiera de las tantas religiones, aparte del cristianismo, judaísmo o islam. En general, los paganos son personas que se encuentran en un camino espiritual y no pertenecen a una religión mundial mayor.

5. La matriz es la base sobre la que, o, desde la cual, se desarrollan las cosas; la sustancia intercelular de un tejido a partir de la cual se desarrolla una estructura.

6. www.rsarchive.org. La Antroposofía es un camino hacia el conocimiento, dirigiendo la parte espiritual del ser humano hacia el espíritu del universo.

7. Cuerpo de dolor: las palabras cuerpo de dolor provienen de la filosofía de Eckhart Tolle. El cuerpo de dolor es la manifestación colectiva de todo el dolor, miseria y pena por las que ha pasado una persona a lo largo de toda su vida, incluidas todas las cosas que heredaron de su cultura e historia familiar. El cuerpo de dolor de una persona se alimenta y fortalece al hacerse miserables a sí mismos y hacérselo a otros.

Testimonios

Presentado a una persona como muestra de gratitud y respeto.
—Gabrielle Orr

Gabrielle,
Siempre siento como si mi alma hubiera sido limpiada después de una sesión contigo :)
Desde que tomé la clase contigo, estoy más en sintonía con los Registros y practico lo que me enseñaste. Me brinda toda una nueva perspectiva y seguido valida lo que ya estoy sintiendo.
Te amo y te aprecio mucho.

~Lisa

Mi vida, antes y después de las clases de Gabrielle Orr:
Tus enseñanzas han sido una llave para mi camino. Desde el día en que tomé la primer clase contigo, mi vida cambió. No hay un segundo de mi vida en donde no profundice y pregunte a mi corazón «¿qué camino tomar?» y allá voy. Los Registros Akáshicos se sienten tan «bien». Se han convertido en mi práctica a cada instante.
Muchos besos y toneladas de bendiciones

~Joan Z.

Guía a través de la primera clase:
Querida Gabrielle,
Gracias por guiarme a través de la primera clase. Fue una experiencia maravillosa, ¡para mi más alto bien! Lo permito. Lo permito. Lo permito.

~Lina K.

¡Gracias Gabrielle!
He publicado mi libro hace pocas semanas y he vendido tantas copias a practicantes alternativos y doctores. Lo genial es que fueron enviadas copias hacia Malasia, Irlanda, Canadá, Hawái y otros 24 estados. Me han invitado a Maine, posiblemente Canadá y aquí, localmente, para enseñar esto como una clase. Tu guía fue una gran bendición. Me brindó la confianza y el «viento bajo mis alas» para poder volar. Así que muchas gracias por ver en mí lo que yo aún estaba postergando.

~Catherine

Abrir mi corazón:
Siento que conocerte me permitió abrir aún más mi corazón, ser una persona más consciente y mirar adelante hacia mi futuro con anticipación. Muchas gracias por tu consciencia, toque genuino y sinceridad.

~Dominique

Con mucho amor y cariño,
Gabrielle Orr

http://www.GabrielleOrr.com
https://www.facebook.com/GabrielleOrr.Akashic.Love

Tus notas personales

Tus notas personales

Tus notas personales

ACERCA DEL AUTOR

Gabrielle Orr ha estado conectada personalmente y profesionalmente a la sanación física y espiritual a lo largo de su vida. Nacida en Alemania, se sometió a varias cirugías a una edad muy corta, debido a una deformación de cadera. Fue durante esa época cuando ella tuvo su primera experiencia consciente con sus Registros Akáshicos.

En su país natal trabajó con niños y adolescentes con discapacidad mental y física y brindaba orientación a sus familias. A principios de sus años veinte, su esposo se vio involucrado en un accidente automovilístico, libre de culpa, lo cual resultó en una lesión medular entre las vértebras C5-C6. La fuerte creencia de la pareja en la autosanación resultó en un nivel de movilidad que no había sido escuchado por la comunidad médica. Eventualmente, el centro médico de investigación para lesiones medulares en el Hospital Jackson Memorial en Miami, invitó a la joven pareja a los Estados Unidos para formar parte de su programa de investigación. Las visitas prolongadas a los EU los condujeron eventualmente a una reubicación permanente en los EU.

Desde entonces, Gabrielle ha estado interesada incansablemente en todas las formas de sanación y autodesarrollo en todos los niveles. Comenzó a aprender cómo acceder a los Registros Akáshicos de manera profesional a la edad de veinticuatro y ha facilitado miles de lecturas de Registros Akáshicos durante los últimos veinticinco años.

Ahora, se concentra principalmente en enseñar a otros cómo conectarse con su máximo poder, en sus talleres internacionales.

Es una maestra profesional, ingeniosa e intuitiva, altamente capacitada en una amplia variedad de estudios metafísicos como toque curativo, lenguaje corporal, EFT, feng shui, constelaciones familiares y muchas más. Es talentosa en ayudar a los estudiantes a que abran sus corazones, se sientan en confianza y mantengan una mente abierta, y ha probado su habilidad en mantener un ambiente de clase altamente motivado e interactivo.

La Rda. Gabrielle Orr ofrece apoyo individual y provee motivación positiva para asegurarse de que cada estudiante sea exitoso. Como colaboradora educativa con habilidades interpersonales y de comunicación destacadas, tiene éxito cultivando y sosteniendo relaciones fuertes entre la comunidad de la clase.

Other Books by Ozark Mountain Publishing, Inc.

Dolores Cannon
A Soul Remembers Hiroshima
Between Death and Life
Conversations with Nostradamus,
    Volume I, II, III
The Convoluted Universe -Book One,
    Two, Three, Four, Five
The Custodians
Five Lives Remembered
Jesus and the Essenes
Keepers of the Garden
Legacy from the Stars
The Legend of Starcrash
The Search for Hidden Sacred
    Knowledge
They Walked with Jesus
The Three Waves of Volunteers and
    the New Earth
A Vey Special Friend
Aron Abrahamsen
Holiday in Heaven
James Ream Adams
Little Steps
Justine Alessi & M. E. McMillan
Rebirth of the Oracle
Kathryn Andries
Time: The Second Secret
Cat Baldwin
Divine Gifts of Healing
The Forgiveness Workshop
Penny Barron
The Oracle of UR
P.E. Berg & Amanda Hemmingsen
The Birthmark Scar
Dan Bird
Finding Your Way in the Spiritual Age
Waking Up in the Spiritual Age
Julia Cannon
Soul Speak – The Language of Your
    Body
Ronald Chapman
Seeing True

Jack Churchward
Lifting the Veil on the Lost
    Continent of Mu
The Stone Tablets of Mu
Patrick De Haan
The Alien Handbook
Paulinne Delcour-Min
Spiritual Gold
Holly Ice
Divine Fire
Joanne DiMaggio
Edgar Cayce and the Unfulfilled
    Destiny of Thomas Jefferson
    Reborn
Anthony DeNino
The Power of Giving and Gratitude
Carolyn Greer Daly
Opening to Fullness of Spirit
Anita Holmes
Twidders
Aaron Hoopes
Reconnecting to the Earth
Patricia Irvine
In Light and In Shade
Kevin Killen
Ghosts and Me
Donna Lynn
From Fear to Love
Curt Melliger
Heaven Here on Earth
Where the Weeds Grow
Henry Michaelson
And Jesus Said – A Conversation
Andy Myers
Not Your Average Angel Book
Guy Needler
Avoiding Karma
Beyond the Source – Book 1, Book 2
The History of God
The Origin Speaks

For more information about any of the above titles, soon to be released titles,
or other items in our catalog, write, phone or visit our website:
PO Box 754, Huntsville, AR 72740|479-738-2348/800-935-0045|www.ozarkmt.com